Franz Grillparzer

Die Ahnfrau

Trauerspiel in fünf Aufzügen

Philipp Reclam jun. Stuttgart

Der Text folgt, bei behutsamer Modernisierung der Orthographie, Franz Grillparzer: Sämtliche Werke. Historisch-kritische Gesamtausgabe. Herausgegeben von August Sauer und Reinhold Backmann. Erste Abteilung. Erster Band. Wien: Schroll, 1909.

RECLAMS UNIVERSAL-BIBLIOTHEK Nr. 4377

Gesamtherstellung: Reclam, Ditzingen. Printed in Germany 2010

ISBN 978-3-15-004377-6

www.reclam.de

PERSONEN

Graf Zdenko von Borotin
Berta, *seine Tochter*
Jaromir
Boleslav
Günther, *Kastellan*
Ein Hauptmann
Ein Soldat
Mehrere Soldaten und Diener
Die Ahnfrau *des Hauses Borotin*

ERSTER AUFZUG

Gotische Halle. Im Hintergrunde zwei Türen. An beiden Seitenwänden, links und rechts, ebenfalls eine Türe. An einer Kulisse des Vorgrundes hängt ein verrosteter Dolch in seiner Scheide. Später Winterabend. Licht auf dem Tische.

Graf Borotin. Berta.

Der Graf *(am Tische sitzend und auf einen Brief hinstarrend, den er in beiden Händen hält).*
Nun wohlan, was muß geschehe!
Fallen seh ich Zweig' auf Zweige,
Kaum noch hält der morsche Stamm.
Noch ein Schlag, so fällt auch dieser
Und im Staube liegt die Eiche,
Die die reichen Segensäste
Weit gebreitet rings umher.
Die Jahrhunderte gesehen
Werden, wachsen und vergehen,
Wird vergehen so wie sie;
Keine Spur wird übrigbleiben;
Was die Väter auch getan,
Wie gerungen, wie gestrebt,
Kaum daß fünfzig Jahr' verfließen
Wird kein Enkel mehr es wissen
Daß ein Borotin gelebt!

Berta *(am Fenster).* Eine grause Nacht, mein Vater!
Kalt und dunkel wie das Grab.
Losgerißne Winde wimmern
Durch die Luft, gleich Nachtgespenstern;
Schnee soweit das Auge trägt,
Auf den Hügeln, auf den Bergen,
Auf den Bäumen, auf den Feldern,
Wie ein Toter liegt die Erde
In des Winters Leichentuch;
Und der Himmel, sternelos,
Starrt aus leeren Augenhöhlen

In das ungeheure Grab
Schwarz herab!
G r a f. Wie sich doch die Stunden dehnen!
Was ist wohl die Glocke, Berta?
B e r t a *(vom Fenster zurückkommend, und sich, dem Vater gegenüber, zur Arbeit setzend).*
Sieben Uhr hat's kaum geschlagen.
G r a f. Sieben? Und schon dunkle Nacht! –
Ach, das Jahr ist alt geworden,
Kürzer werden seine Tage,
Starrend stocken seine Pulse
Und es wankt dem Grabe zu.
B e r t a. Ei, kommt doch der holde Mai,
Wo das Feld sich kleidet neu,
Wo die Lüfte sanfter wehen
Und die Blumen auferstehen!
G r a f. Wohl wird sich das Jahr erneuen,
Diese Felder werden grünen,
Diese Bäche werden fließen,
Und die Blume, die jetzt welket,
Wird vom langen Schlaf erwachen
Und das Kinderhaupt erheben
Von dem weißen, weichen Kissen,
Öffnen ihre klaren Augen
Freundlich lächelnd wie zuvor.
Jeder Baum, der jetzt im Sturme
Seine nackten, dürren Arme
Hilfeflehend streckt zum Himmel,
Wird mit neuem Grün sich kleiden.
Alles was nur lebt und webt
In dem Hause der Natur,
Weit umher, in Wald und Flur,
Wird sich frischen Lebens freuen,
Wird im Lenze sich erneuen:
Nie erneut sich Borotin!
B e r t a. Ihr seid traurig, lieber Vater!
G r a f. Glücklich, glücklich nenn ich den,
Dem des Daseins letzte Stunde
Schlägt in seiner Kinder Mitte.
Solches Scheiden heißt nicht Sterben;
Denn er lebt im Angedenken,

Lebt in seines Wirkens Früchten,
Lebt in seiner Kinder Taten,
Lebt in seiner Enkel Mund.
O es ist so schön, beim Scheiden
Seines Wirkens ausgestreuten Samen
Lieben Händen zu vertraun,
Die der Pflanze sorglich warten,
Und die späte Frucht genießen;
Im Genusse doppelt fühlend
Den Genuß und das Geschenk.
O es ist so süß, so labend,
Das was uns die Väter gaben
Seinen Kindern hinzugeben
Und sich selbst zu überleben!
Berta. Über diesen bösen Brief!
Ihr wart erst so heiter, Vater,
Schienet seiner Euch zu freuen,
Und nun, da Ihr ihn gelesen,
Seid mit eins Ihr umgestimmt.
Graf. Ach, es ist nicht dieses Schreiben,
Seinen Inhalt konnt' ich ahnen.
Nein es ist die Überzeugung,
Die sich immer mehr bewährt;
Daß das Schicksal hat beschlossen,
Von der Erde auszustoßen
Das Geschlecht der Borotin!
Sieh, man schreibt mir, daß ein Vetter,
Den ich kaum *einmal* gesehen,
Der der einz'ge außer mir
Von dem Namen unsers Hauses,
Kinderlos, ein welker Greis,
Gählings über Nacht gestorben.
Und so bin ich denn der Letzte
Von dem hochberühmten Stamme,
Der mit mir zugleich erlischt.
Ach, kein Sohn folgt meiner Bahre,
Trauernd wird der Leichenherold
Meines Hauses Wappenschild,
Oft gezeigt im Schlachtgefild,
Und den wohlgebrauchten Degen
Mir nach in die Grube legen.

Es geht eine alte Sage,
Fortgepflanzt von Mund zu Mund,
Daß die Ahnfrau unsers Hauses,
Ob begangner schwerer Taten,
Wandeln müsse ohne Ruh',
Bis der letzte Zweig des Stammes,
Den sie selber hat gegründet,
Ausgerottet von der Erde.
Nun wohlan, sie mag sich freuen,
Denn ihr Ziel ist nicht mehr fern!
Fast möcht' ich das Märchen glauben,
Denn fürwahr ein mächt'ger Finger
War bemüht bei unserm Fall.
Kräftig stand ich, herrlich blühend
In der Mitte *dreier* Brüder;
Alle raubte sie der Tod!
Und ein Weib führt' ich nach Hause,
Schön und gut und hold wie du.
Hochbeglückt war unsre Ehe
Und ein Knabe und ein Mädchen
Sproßten aus dem keuschen Bund.
Bald wart ihr mein *einz'ger* Trost,
Meine *einz'ge* Lebensfreude,
Denn mein Weib ging ein zu Gott.
Sorgsam, wie mein Augenlicht,
Wahrte ich die teuern Pfänder;
Doch umsonst! Vergeblich Streben!
Welche Klugheit, welche Macht,
Mag das Opfer wohl erhalten,
Das die finsteren Gewalten
Ziehen wollen in die Nacht!
Kaum drei Jahre war der Knabe,
Als er in dem Garten spielend
Von der Wärtrin sich verlief.
Offen stand die Gartentüre,
Die zum nahen Weiher führt.
Immer sonst war sie geschlossen,
Eben damals stand sie offen, *(bitter)*
Hätt' ihn sonst der Streich getroffen!
  Ach, ich sehe deine Tränen
Treu sich schließen an die meinen.

Weißt du etwa schon den Ausgang?
Ach, ich armer, schwacher Mann,
Habe dir wohl oft erzählet
Die alltägliche Geschichte.
Was ist's weiter? – Er ertrank!
Sind doch manche schon ertrunken!
Daß es just mein Sohn gewesen,
Meine ganze, einz'ge Hoffnung,
Meines Alters letzter Stab;
Was kann's helfen! – Er ertrank –
Und ich sterbe kinderlos!

Berta. Lieber Vater!

Graf. Ich verstehe
Deiner Liebe sanften Vorwurf.
Kinderlos konnt' ich mich nennen,
Und ich habe dich, du Treue!
Ach, verzeih dem reichen Manne,
Der sein Habe halb verloren
In des Unglücks hartem Sturm,
Und nun mit der reichen Hälfte,
Lang an Überfluß gewöhnet,
Sich für einen Bettler hält.
Ach verzeih, wenn das Verlorne
In so hellem Lichte glüht,
Ist doch der Verlust ein Blitzstrahl,
Der verklärt was er entzieht!
Ja fürwahr, ich handle unrecht!
Ist mein Name denn das Höchste?
Leb ich nur für meinen Stamm?
Mag ich kalt das Opfer nehmen,
Das du mit der Jugend Freuden,
Mit des Lebens Glück mir bringst!
Meines Daseins letzte Tage
Seien deinem Glück geweiht.
Ja an eines Gatten Seite,
Der dich liebt, der dich verdient,
Werde dir ein andrer Name
Und mit ihm ein andres Glück!
Wähle von des Landes Söhnen,
Frei den künftigen Gemahl,
Denn dein Wert verbürgt mir deine Wahl!

Wie du seufzest! – Hast wohl schon gewählet?
Jener Jüngling? – Jaromir –
Jaromir von Eschen denk ich.
Ist's nicht also?
B e r t a. Wag ich es? –
G r a f. Glaubtest du dem Vaterauge
Bleib' ein Wölkchen nur verborgen,
Das an deinem Himmel hängt?
Sollt' ich gleich wohl eher schelten,
Daß ich erst erraten muß
Was ich längst schon wissen sollte:
War ich je ein harter Vater,
Bist du nicht mein teures Kind?
Edel nennst du sein Geschlecht,
Edel nennt ihn seine Tat,
Bring ihn mir, ich will ihn kennen,
Und besteht er auf der Probe
So kann manches noch geschehn.
Fallen gleich die weiten Lehen
Als erloschen heim dem Thron,
Ein bescheidnes Los zu gründen
Hat noch Borotin genug.
B e r t a. O wie soll ich –
G r a f. Mir nicht danke!
Zahl ich doch nur alte Schulden.
Hast nicht du's um mich verdient,
Hat nicht er's, der wackre Mann?
Denn er war's doch, der im Walde
Dir das Leben einst gerettet,
Und mit eigener Gefahr?
Ist's nicht also, liebe Tochter?
B e r t a. Oh, mit augenscheinlicher Gefahr!
Hab ich's Euch doch schon erzählet,
Wie in einer Sommernacht
Ich dort in dem nahen Walde
Mich lustwandelnd einst erging,
Und vom Schmeichelhauch der Lüfte,
Von dem Duft der tausend Blüten
Eingelullt in süß Vergessen
Weiter ging als je zuvor.
Wie mit einmal durch die Nacht

Einer Laute Klang erwacht,
Klagend, stöhnend, Mitleid flehend
Mit der Tonkunst ganzer Macht;
Girrend bald gleich zarten Tauben
Durch die dichtverschlungnen Lauben,
Bald mit langgedehntem Schall
Lockend gleich der Nachtigall,
Daß die Lüfte schweigend horchten
Und das Laub der regen Espe
Seine Regsamkeit vergaß.
Wie ich so da steh und lausche,
Ganz in Wehmut aufgelöst,
Fühl ich mich mit eins ergriffen,
Und zwei Männer, angetan
Mit des Mordes blut'ger Farbe,
Mit dem Dolch, den Augen dräuend,
Seh ich gräßlich neben mir.
Schon erheben sie die Dolche,
Schon glaub ich die Todeswunde,
Schreiend, in der Brust zu fühlen:
Da teilt schnell sich das Gebüsche,
Reißend springt ein junger Mann,
Hoch den Degen in der Rechten,
In der Linken eine Laute
Auf die bleichen Mörder zu.
Wie er ihnen obgesieget,
Wie er, einzeln, sie bezwang,
Wie die kühne Tat gelang
Weiß ich nicht. In starre Ohnmacht
War ich zagend hingesunken.
Ich erwacht' in seinen Armen,
Und zum Leben neu geboren,
Unbehilflich, schwach und duldend
Wie ein Kind am Mutterbusen
Hing ich an des Teuren Lippen
Seine heißen Küsse trinkend.
Und mein Vater, für das alles
Was er erst für mich getan,
Konnt' ich wen'ger als ihn lieben?
G r a f. Und ihr saht euch öfter?
B e r t a. Zufall

Ließ mich drauf ihn wieder finden.
Bald – nicht bloß der Zufall mehr.

Graf. Warum flieht er deines Vaters,
Seines Freundes Angesicht.

Berta. Obgleich edlem Stamm entsprossen,
Nur des Hauses edler Stolz,
Nicht sein Gut kam auf den Erben.
Arm und dürftig wie er ist,
Fürchtet er, hört' ich ihn sagen,
Daß der reiche Borotin
Andern Lohn für seine Tochter,
Als die Tochter selber zahle.

Graf. Ich weiß Edelmut zu ehren,
Wenn er sich und andre ehrt.
Bring ihn mir, er soll erfahren,
Daß dem reichen Borotin
Er sein reichstes Gut erhalten,
Soll erfahren, daß dein Vater
Für das Gold der ganzen Welt
Dich nicht für bezahlet hält. –
Doch jetzt, Berta, nimm die Harfe
Und versuch es, meinen Kummer
Um ein Stündchen zu betrügen.
Spiel ein wenig, liebe Tochter!

(Berta nimmt die Harfe. Bald nach den ersten Akkorden nickt der Alte und schlummert ein. Sobald er schläft stellt Berta die Harfe weg.)

Berta. Schlummre ruhig, guter Vater!
Daß doch all die süßen Blumen,
Die du streust auf meinen Pfad,
Dir zum Kranze werden möchten
Auf dein sorgenschweres Haupt. –
Ich soll also ihm gehören,
Mein ihn nennen, wirklich mein?
Und das Glück, das schon als Hoffnung
Mir der Güter größtes schien,
Gießt in freudiger Erfüllung
Mir sein schwellend Füllhorn hin!

Ich kann's nicht fassen,
Mich selber nicht fassen,

Alles zeigt mir und spricht mir nur ihn,
Den Wolken, den Winden
Möcht' ich's verkünden,
Daß sie's verbreiten so weit sie nur ziehn!

Mir wird's zu enge
In dem Gedränge
Fort auf den Söller, wie lastet das Haus;
Dort von den Stufen
Will ich es rufen
In die schweigende Nacht hinaus.

Und naht der Treue,
Dem ich mich weihe,
Künd ich ihm jubelnd das frohe Geschick
An seinem Munde
Preis ich die Stunde
Preis ich die Liebe, preis ich das Glück. *(Ab.)*

(Pause. – Die Ahnfrau, Bertan an Gestalt ganz ähnlich, und in der Kleidung nur durch einen wallenden Schleier unterschieden, erscheint neben dem Stuhle des Schlafenden und beugt sich schmerzlich über ihn.)

G r a f *(unruhig im Schlafe).*
Fort von mir! – Fort! – Fort! *(Er erwacht.)*
Ah – bist du hier meine Berta?
Ei das war ein schwerer Traum,
Noch empört sich mir das Innre!
Geh doch nach der Harfe, Berta,
Mich verlangt's Musik zu hören!

(Die Gestalt hat sich aufgerichtet und starrt den Grafen mit weitgeöffneten toten Augen an.)

G r a f *(entsetzt).*
Was starrst du so graß nach mir,
Daß das Herz im Männerbusen
Sich mit bangem Grausen wendet,
Und der Beine Mark gerinnt!
Weg den Blick! Von mir die Augen!
Also sah ich dich im Traume
Und noch siedet mein Gehirn.
Willst du deinen Vater töten?

(Die Gestalt wendet sich ab und geht einige Schritte gegen die Türe.)

G r a f. So! – Nun kenn ich selbst mich wieder! –
Wohin gehst du Kind?
D i e G e s t a l t *(wendet sich an der Türe um. Mit unbetonter Stimme).* Nach Hause. *(Ab.)*
D e r G r a f *(stürzt niedergedonnert in den Sessel zurück. Nach einer Weile).*
Was war das? – Hab ich geträumt? –
Sah ich sie nicht vor mir stehn,
Hört' ich nicht die toten Worte,
Fühl ich nicht mein Blut noch starren
Von dem grassen, eis'gen Blick? –
Und doch, meine sanfte Tochter! –
Berta! Höre, Berta!
(Berta und Kastellan kommen.)
B e r t a *(hereinstürzend).*
Ach, was fehlt Euch, lieber Vater?
G r a f. Bist du da! Was ficht dich an,
Sprich, was ist's, unkindlich Mädchen,
Daß du wie ein Nachtgespenst
Durch die öden Säle wandelst
Und mit seltsamen Beginnen
Lebensmüde Schläfer schreckst?
B e r t a. Ich, mein Vater?
G r a f. Du, ja du!
Wie, du weißt nicht? Und noch haften
Deine starren Leichenblicke
Mir gleich Dolchen in der Brust.
B e r t a. Meine Blicke?
G r a f. Deine Blicke!
Zieh nicht staunend auf die Augen!
Siehst du, so! – doch nein, viel starrer!
Starr? – die Sprache hat kein Wort!
Blickst du mich liebkosend an,
Um den Eindruck wegzuwischen
Jenes finstern Augenblicks?
All umsonst! So lang ich lebe
Wird das Schreckbild vor mir stehn,
Auf dem Todbett werd ich's sehn!
Scheint dein Blick gleich Mondenschimmer
Über einer Abendlandschaft,
O ich weiß, er kann auch töten!

Berta. Ach, was hab ich denn begangen,
Das Euch also aufgeregt,
Und Euch heißt die Augen schelten,
Die den Euern bang begegnend
Sich mit Wehmutstränen füllen.
Daß ich Euch im Schlaf verlassen,
Unbedachtsam fortgegangen –
Graf. Daß du fortgingst? – Daß du hier warst!
Berta. Daß ich hier war?
Graf. Standst du nicht
Hier auf dieser, dieser Stelle
Schießend deine kalten Pfeile
Nach des grauen Vaters Brust.
Berta. Als Ihr schliefet?
Graf. Kurz erst, jetzt erst!
Berta. Eben komm ich von dem Söller!
Als der Schlummer Euch umfing
Ging ich sehnsuchtsvoll hinaus
Nach dem Teuern umzuschauen.
Graf. Schändlich! – Mädchen, höhnst du mich?
Berta. Höhnen? – ich, mein Vater? – ich?
(Mit überströmenden Augen zu Günther.)
Ach sprich du! – Ich weiß nicht – kann nicht!
Günther. Ja fürwahr, mein gnäd'ger Herr,
Ja, das Fräulein kömmt vom Söller.
Ich stand bei ihr, und wir schauten
In die schneeerhellte Gegend
Ob kein Wanderer sich nahe.
Erst als Ihr sie gellend rieft,
Eilte sie mit mir herbei.
Graf *(rasch)*.
Und ich sah –
Günther. Ihr sahet –?
Graf. Nichts!
Günther. Ihr saht etwa –?
Graf. Nichts! nichts sag ich!
(Vor sich hin.)
Es ist klar, ich hab geträumt!
Wenn sich gleich die Sinne sträuben,
Das Gedächtnis es verneint,
Doch ist's so; ich hab geträumt!

Kann der Schein sich also hüllen
Ins Gewand der Wirklichkeit?
Diese Hand seh ich nicht klarer
Als ich jenes Bild gesehn!
Und doch, meine sanfte Berta! –
Es ist klar, ich hab geträumt! – –
Was stehst du so ferne, Berta?
Hast du keinen Vorwurf, Liebe,
Für den harten, rauhen Vater
Der so bitter dich gekränkt?
Ach, so warst du schon als Kind,
Trugest immerdar zugleich
Der Beleid'gung herben Schmerz
Und das Unrecht des Beleid'gers.
Immer gut und immer schuldlos,
Schienst du stets die Schuldige –

Berta *(an seiner Brust).*
Und bin ich nicht wirklich schuldig?
Wenn auch nicht als Grund des Zornes,
Ach, doch als sein Gegenstand!

Graf. Du verzeihst mir also, Berta?

Berta. Ihr habt wohl geträumt, mein Vater!
Es gibt gar lebend'ge Träume!
Oder dieser Halle Dunkel
Matt vom Kerzenlicht erhellt
Täuscht' in trügender Gestaltung
Euer schlummertrunknes Aug'.
Oh, ich hab es oft erfahren,
Wie die Sinne, aufgeregt,
Stumpfe Diener unsrer Seele,
Gern für wahr und wirklich halten
Die verworrenen Gestalten,
Die der Geist in sich bewegt.
Gestern nur, mein Vater, ging ich
In des Zwielichts mattem Strahl
Durch den alten Ahnensaal.
In der Mitte hängt ein Spiegel,
Halb erblindet und voll Flecken.
Wie ich ihn vorüber gehe
Bleib ich, meinen Anzug musternd,
Vor dem matten Glase stehn.

Eben senk ich nach dem Gürtel
Nieder meine beiden Hände,
Da – Ihr werdet lachen, Vater!
Und auch ich muß jetzt fast lächeln
Meiner kindisch schwachen Furcht,
Doch in jenem Augenblicke
Konnt' ich nur mit Schreck und Grauen
Das verzerrte Wahnbild schauen.
Wie ich senke meine Hände
Um den Gürtel anzuziehn,
Da erhebt mein Bild im Spiegel
Seine Hände an das Haupt,
Und mit starrendem Entsetzen
Seh ich in dem dunkeln Glase
Meine Züge sich verzerren.
Immer sind es noch dieselben
Und doch anders, furchtbar anders,
Und mir selbst nicht ähnlicher
Als ein Lebend'ger seiner Leiche.
Weit reißt es die Augen auf
Starrt nach mir, und mit dem Finger
Droht es warnend gegen mich.

Günther. Weh, die Ahnfrau!

Graf *(wie von einem plötzlichen schrecklichen Gedanken ergriffen, vom Sessel aufspringend).* Ahnfrau!

Berta *(verwundert).* Ahnfrau?

Günther. Saht Ihr nie ihr Bild im Saale,
Euch so ähnlich, gnäd'ges Fräulein,
Gleich als hättet Ihr dem Maler,
Lieblich wie Ihr seid, gesessen?

Berta. Oftmals hab ich's wohl gesehn,
Es mit Staunen mir betrachtet,
Und es war mir immer teuer
Wegen dieser Ähnlichkeit.

Günther. Und Ihr kennet nicht die Sage,
Die von Mund zu Munde geht?

Berta. Schon als Kind hört' ich's erzählen,
Doch ein Märchen nennt's der Vater.

Günther. Ach, er fühlt's zu dieser Frist,
Wie er sich's auch selbst verhehle,
Fühlt's im Tiefsten seiner Seele,

Daß es mehr als Märchen ist.
Ja, die Ahnfrau Eures Hauses,
Jung und blühend noch an Jahren,
Berta, so wie Ihr geheißen,
Schön und reizend, so wie Ihr,
Von der Eltern Hand gezwungen,
Zu verhaßter Ehe Bund,
Sie vergaß ob neuen Pflichten
Langgehegter Liebe nicht;
In den Armen ihres Buhlen
Überfiel sie der Gemahl.
Durstend seine Schmach zu rächen,
Straft' er selber das Verbrechen
Stieß ins Herz ihr seinen Stahl,
Jenen Stahl, den in der Blinde
Man dort aufgehangen hat,
Zum Gedächtnis ihrer Sünde,
Zum Gedächtnis seiner Tat.
Ruhe ward ihr nicht vergönnet,
Wandeln muß sie ohne Rast,
Bis das Haus ist ausgestorben,
Dessen Mutter sie gewesen,
Bis weit auf der Erde hin
Sich kein einz'ger Zweig mehr findet
Von dem Stamm den sie gegründet,
Von dem Stamm der Borotin.
Und wenn Unheil droht dem Hause,
Sich Gewitter türmen auf,
Steigt sie aus der dunkeln Klause
An die Oberwelt herauf.
Da sieht man sie klagend gehen,
Klagend, daß ihr Macht gebricht,
Denn sie kann's nur vorhersehen,
Ab es wenden kann sie nicht!

Berta. Und das ist es –?

Günther. Das ist alles
Was ich hier zu sagen wage,
Wenn gleich all nicht was ich weiß.
Eines ist noch übrig, eines,
Das des Hauses ältre Diener,
Das der Gegend welke Greise

Bang sich in die Ohren raunen,
Das der Sage heil'ger Mund
Aus der Väter fernen Tagen
In die Enkelwelt getragen.
Eines, das den Schlüssel gibt
Zu so manchem finstern Rätsel,
Das ob diesem Hause brütet.
Aber wag ich es zu sagen
Hier an diesem, diesem Ort
Wo noch kurz zuvor der Schatten –
(Mit scheuen Blicken umhersehend. Berta schmiegt sich an ihn, und folgt mit ihren Augen den seinigen.)
Runzelt Ihr die hohen Brauen
Edler Herr? Ich kann nicht anders!
Meinen Busen will's zerbrechen
Und es drängt mich's auszusprechen
Beb ich selber gleich zurück. –
Kommt hierher, mein Fräulein, hierher
Und vernehmt und staunt und bebt. –
Mit der Ahnfrau blut'ger Leiche
Ward der Sünde Keim begraben,
Aber nicht der Sünde Frucht.
Das Verbrechen, das des Gatten
Blut'ger Rachestahl bestraft,
War, wie jene Sage spricht,
Wohl das Letzte ihres Lebens
Aber ach, ihr erstes nicht.
Ihres Schoßes einz'ger Sohn,
Den Ihr unter Euren Ahnen,
Unter Euren Vätern zählt,
Der des mächt'gen Borotin
Lehen, Gut und Namen erbte,
Er –

Graf. Schweig!

Günther. Es ist ausgesprochen.
Er, dem Vater unbewußt,
War ein Pfand geheimer Lust,
War ein Denkmal ihrer Sünde!
Darum muß sie klagend wallen
Durch die weiten, öden Hallen,
Die das Werk von Trug und Nacht

Auf ein fremd Geschlecht gebracht.
Und in jedem Enkelkinde,
Das entsproßt aus ihrem Blut,
Haßt sie die vergangne Sünde,
Liebt sie die vergangne Glut.
Also harret sie seit Jahren,
Wird noch harren jahrelang
Auf des Hauses Untergang;
Und ob der sie gleich befreiet,
Hütet sie doch jeden Streich,
Der dem Haupt der Lieben dräuet,
Den sie wünscht und scheut zugleich.
Darum wimmert es so kläglich
In den halbverfallnen Gängen,
Darum pocht's in dunkler Nacht –
(Entferntes Getöse.)

Berta. Himmel!

Günther. Weh uns!

Graf. Was ist das?
(Das Getöse wiederholt sich.)
Fast gefährlich scheint dein Wahnsinn
Er steckt auch Gesunde an.
An die Pforte wird geschlagen
Einlaß fordernd. Geh hinab
Und sieh zu, was man begehrt!
(Günther ab.)

Berta. Vater, du siehst bleich! Ist's Wahrheit
Was der alte Mann da spricht?

Graf. Was ist wahr, was ist es nicht?
Laß uns eignen Wertes freuen
Und nur *eigne* Sünden scheuen.
Laß, wenn in der Ahnen Schar
Jemals eine Schuld'ge war,
Alle andre Furcht entweichen
Als die Furcht ihr je zu gleichen. –
Und jetzt komm, mein liebes Kind,
Führe mich nach meinem Zimmer.
Ist's gleich noch nicht Schlafens Zeit
Ruhe heischt der müde Körper
Hat er doch in *einer* Stunde
Mehr als manchen Tag gelebt. *(Ab mit Berta.)*

(Pause. – Dann stürzt wankend, mit verworrenem Haar und aufgerissenem Wams, einen zerbrochenen Degen in der Rechten, Jaromir herein.)

Jaromir *(atemlos).*
Bis hierher! – Ich kann nicht weiter!
Wankend brechen meine Kniee,
Es ist aus! – Ich kann nicht weiter!
(Sinkt gebrochen auf den Sessel hin.)

Günther *(nachkommend).*
Sagt doch Herr, ist das wohl Sitte?
Einzudringen so ins Haus
Achtlos auf mein mahnend Wehren.
Sprecht, was wollt Ihr? was begehrt Ihr?

Jaromir. Ruhe! – Nur ein Stündchen Ruhe,
Nur ein kurzes Stündchen Ruhe! –

Günther. Was ist Euch begegnet, Herr?
Woher kommt Ihr?

Jaromir. Dort – vom Walde –
Wurde – wurde überfallen –

Günther. Ach man hört so manches Unheil
Von den Räubern dort im Walde!
Wie bedaur' ich Euch, mein Herr!
Ach verzeihet, wenn ich anfangs
Eure bange Hast mißdeutend
Und das Fremde Eures Eintritts
Anders sprach, als ich gesollt.
Wenn's Euch gutdünkt, folgt mir Herr
Nach den oberen Gemächern,
Wo Euch würdig Speis und Trank
Und willkommne Lagerstätte –

Jaromir. Nein, ich kann – ich mag nicht schlafen!
Laß mich hier in diesem Stuhl,
Bis die Sinne sich gesammelt
Und ich wieder selber bin.
(Er legt den Arm auf den Tisch, und den Kopf darauf.)

Günther. Was soll ich mit ihm beginnen?
Ganz verwirrt hat ihn der Schreck.
Bleib ich? geh ich? Laß ich ihn?
Ich will's nur dem Grafen melden,
Mag er selber doch empfangen
Seinen sonderbaren Gast. *(Ab.)*

J a r o m i r. Ha, er geht, er geht! – Was soll ich? –
Sei es denn! – Nun Fassung, Fassung!
(Der Graf und Günther kommen.)
G ü n t h e r. Hier mein gnäd'ger Herr, der Fremde!
J a r o m i r *(steht auf).*
G r a f. Laßt Euch doch nicht stören, Herr,
Und genießt der nöt'gen Ruhe.
Hoch willkommen seid Ihr mir,
Doppelt wert, denn Euch empfiehlt
Eure Not und Euer Selbst –
J a r o m i r. Ihr verzeihet wohl die Stunde
Und die Weise meines Eintritts.
Mag mein Unfall mich entschuld'gen
Wo ich selbst es nicht vermag.
Dort in jenem nahen Walde
Ward ich räubrisch überfallen.
Ich und meine beiden Diener
Wehrten lang uns ritterlich:
Aber wachsend stieg die Menge,
Meine treuen Diener lagen
Hingestreckt in ihrem Blut.
Da gewahr ich meines Vorteils,
Und ins dunkle Dickicht springend,
Schnell, die Räuber auf der Ferse,
Such ich fliehend zu entrinnen
Und das Freie zu gewinnen.
Gibt die Hoffnung schnelle Füße,
Leiht dafür das Schrecken Flügel.
Bald gewinn ich einen Vorsprung,
Und heraus ins Freie tretend
Blinkt mir Euer Schloß entgegen.
Gastfrei schien's mich einzuladen,
Zögernd folgt' ich, – und bin hier.
G r a f. Halten wird Euch der Besitzer
Was sein Eigentum versprach.
Was nur dieses Haus vermag
Ist das Eure, Euch zu Dienste.
B e r t a *(kommt).*
Hört' ich hier nicht seine Stimme?
Ja er ist's! – Mein Jaromir!
J a r o m i r. Berta!

(Eilt auf sie zu. Plötzlich hält er ein, und tritt mit einer Verbeugung zurück.)

G r a f. Wär' es etwa dieser? –
B e r t a. Ja er ist's, er ist's, mein Vater!
Ja er ist's, der mich gerettet,
Ja er ist's der teure Mann!
G r a f. Zieht Euch nicht so fremd zurück,
Seid Ihr doch nicht unter Fremden!
Schließt sie immer in die Arme;
Ihr habt Euch ein Recht erworben,
Daß sie lebt ist Euer Werk!
Wohl mir, daß mir ward vergönnt
Den zu sehen, dem zu danken,
Der mir meine letzten Tage,
Mir mein Sterbebett verschönt,
Mit dem Glücke mich versöhnt.
Komm an meine Brust, du Teurer,
Lebensretter, Segensengel!
Könnt' ich dankbar nur mein Leben
Für dich hin, du Guter, geben,
Wie du deines gabst für sie!
J a r o m i r. Staunend steh ich und beschämt –
G r a f. Du? An uns ist's so zu stehn!
Ist doch unser Dank so wenig,
Ach, und deine Tat so viel!
J a r o m i r. Viel? O daß ich's sagen könnte!
Daß es etwas mich gekostet!
Daß ich eine Wunde trüge,
Eine kleine, kleine Narbe
Nur als Denkmal jener Tat!
Es kränkt tief das Köstliche
Um so schlechten Preis zu kaufen!
G r a f. Ziert Bescheidenheit den Jüngling,
Nicht verkenn er seinen Wert!
B e r t a. Glaubt ihm nicht, o glaubt ihm nicht!
Er liebt selber sich zu schmähen,
Ich weiß das von lange her!
Wie so oft lag er vor mir,
Meine Kniee heiß umfassend,
Und mit schmerzgebrochner Stimme
Rief er klagend, weinend aus,

Ich verdiene dich nicht Berta!
Er nicht mich, er mich nicht! –
J a r o m i r. Berta!
G r a f. Wolltet Ihr wohl, daß sie minder
Des Geschenkes Wert erkennte!
Trieb Euch gleich zu jener Tat,
Nur des Herzens edles Streben
Recht zu tun und groß und gut,
Laßt uns glauben, laßt uns schmeicheln,
Daß auf uns, auf unsre Not
Auch ein flücht'ger Blick gefallen,
Daß Ihr nicht nur bloß beglücken,
Daß Ihr *uns* beglücken wolltet.
Wer sich ganz dem Dank entzieht,
Der erniedrigt den Beschenkten,
Freund, indem er sich erhebt!
J a r o m i r. Was erwidr' ich auf das alles!
Wie ich bin, vom Kampf ermüdet,
Von den Schrecken dieser Nacht,
Taug ich wenig zu bestehen
In der Großmut edlem Wettstreit.
G r a f. Mußtet Ihr mich erst erinnern
Daß Ihr müd und ruhedürstend!
B e r t a. Ach, was ist ihm denn begegnet?
G r a f. Das auf morgen, liebes Kind.
Berta komm und laß uns gehn.
Unser Günther mag ihn weisen
In das köstlichste Gemach.
Dort umhülle tiefer Frieden
Mit der Segenshand den Müden
Bis der späte Morgen naht.
O er hat ein weiches Kissen
Ein noch unentweiht Gewissen,
Das Bewußtsein seiner Tat! –
So, noch diesen Händedruck,
So, noch diesen Segenskuß,
So, mein Sohn jetzt geh zur Ruh'
Ein Engel drück' das Aug' dir zu!
B e r t a *(den Alten abführend).*
Schlummre ruhig!
J a r o m i r. Lebe wohl!

B e r t a *(an der Türe umwendend).*
Gute Nacht denn!
J a r o m i r. Gute Nacht!
(Graf und Berta ab.)
G ü n t h e r. So, nun kommt mein wackrer Herr
Ich will Euch zur Ruhe leiten.
J a r o m i r *(in den Vorgrund tretend).*
Nehmt mich auf Ihr Götter dieses Hauses,
Nimm mich auf du heil'ger Ort,
Von dem Laster nie betreten,
Von der Unschuld Hauch durchweht.
Unentweihte, reine Stelle
Werde wie des Tempels Schwelle
Mir zum heiligen Asyl! –
Unerbittlich strenge Macht,
Ha nur diese, diese Nacht,
Diese Nacht nur gönne mir,
Harte! und dann steh ich dir!
(Mit Günther ab.)

Ende des ersten Aufzuges

ZWEITER AUFZUG

Halle wie im vorigen Aufzuge. Dichtes Dunkel.

J a r o m i r *(stürzt herein).*
Ist die Hölle losgelassen
Und knüpft sich an meine Fersen?
Grinsende Gespenster seh ich
Vor mir, an mir, neben mir,
Und die Angst mit Vampirrüssel
Saugt das Blut aus meinen Adern,
Aus dem Kopfe das Gehirn!
Daß ich dieses Haus betreten!
Engel sah ich an der Schwelle
Und die Hölle

Hauset drin! –
Doch wo bin ich hingeraten
Von der innern Angst getrieben?
Ist dies nicht die würd'ge Halle,
Die den Kommenden empfing?
Still! Die Schläfer nicht zu stören!
Stille! Wenn sie würden innen
Hier mein seltsames Beginnen!
(An des Grafen Gemach horchend.)
Alles stille.
(An der Türe zur linken Seite des Hintergrundes.)
Welche Laute!
Süße Laute, die ich kenne,
Die ich einzuschlürfen brenne!
Horch! – ha! – Worte! – Ach sie betet!
Betet! – Betet wohl für mich!
Habe Dank du reine Seele! *(Horchend.)*
»Heil'ger Engel steh uns bei!«
Steh mir bei du heil'ger Engel!
»Und beschütz uns!« – O beschütz uns!
Ja beschütz mich vor mir selber! –
O du süßes, reines Wesen!
Nein, ich kann mich nicht mehr halten,
Ich muß hin, ich muß zu ihr.
Will vor ihr mich niederstürzen
Und an ihrer reinen Seite
Ruh' und Frieden mir erflehn!
Ja sie möge über mir
Wie ob einem Leichnam beten,
Und in ihres Atems Wehn
Will ich heilig auferstehn!
(Er nähert sich der Türe; sie geht auf und die Ahnfrau tritt heraus, mit beiden Händen ernst ihn fortwinkend.)

Jaromir. Ach, da bist du ja du Holde!
Ich bin's Teure, zürne nicht!
Wink mich nicht so kalt von dir,
Gönne dem gepreßten Herzen
Die so lang entbehrte Lust,
An der engelreinen Brust,
Aus den himmelklaren Augen
Trost und Ruhe einzusaugen!

(Die Gestalt tritt aus der Türe, die sich hinter ihr schließt, und winkt noch einmal mit beiden Händen ihm Entfernung zu.)

Jaromir. Ich soll fort? Ich kann nicht, kann nicht!
Wie ich dich so schön, so reizend
Vor den trunknen Augen sehe
Reißt es mich in deine Nähe!
Ha ich fühle, es wird Tag
In der Brust geheimsten Tiefen
Und Gefühle, die noch schliefen,
Schütteln sich und werden wach. –
Kannst du mich so leiden sehn?
Soll ich hier vor dir vergehn?
Laß dich rühren meinen Jammer,
Laß mich ein in deine Kammer!
Hat die Liebe je verwehrt
Was die Liebe heiß begehrt?
(Auf sie zueilend.)
Berta! Meine Berta!

(Wie er sich ihr nähert, hält die Gestalt den rechten Arm mit dem ausgestreckten Zeigefinger ihm entgegen.)

Jaromir *(stürzt schreiend zurück).*
Ha!

Berta *(von innen).* Hör ich dich nicht Jaromir?

(Beim ersten Laut vom Bertas Stimme seufzt die Gestalt und bewegt sich langsam in die Szene. Ehe sie diese noch ganz erreicht hat, tritt Berta aus der Türe, ohne aber die Gestalt zu sehen, da sie nach dem in der entgegengesetzten Ecke stehenden Jaromir blickt.)

Berta *(mit einem Lichte kommend).*
Jaromir *du* hier?

Jaromir *(die abgehende Gestalt mit den Augen und dem ausgestreckten Finger verfolgend).*
Da! Da! Da! Da!

Berta. Was ist dir begegnet, Lieber?
Warum starrst du also wild
Hin nach jenem düstern Winkel?

Jaromir. Hier und dort, und dort und hier!
Üb'rall sie und nirgends sie!

Berta. Himmel, was ist hier geschehn?

Jaromir. Ei bei Gott, ich bin ein Mann!

Ich vermag was einer kann.
Stellt den Teufel mir entgegen
Und zählt an der Pulse Schlägen
Ob die Furcht mein Herz bewegt!
Doch *allein* soll er mir kommen.
Grad als grader Feind. Er werbe
Nicht in meiner Phantasie,
Nicht in meinem heißen Hirn
Helfershelfer wider mich!
Komm' er dann als mächt'ger Riese,
Stahl vom Haupte bis zum Fuß,
Mit der Finsternis Gewalt,
Von der Hölle Glut umstrahlt;
Ich will lachen seinem Wüten
Und ihm kühn die Stirne bieten.
Oder komm' als grimmer Leu
Will ihm stehen ohne Scheu,
Auge ihm ins Auge tauchen,
Zähne gegen Zähne brauchen,
Gleich auf gleich. Allein er übe
Nicht die feinste Kunst der Hölle,
Schlau und tückevoll, und stelle
Nicht mich selber gegen mich!

Berta *(auf ihn zueilend).*
Jaromir, mein Jaromir!

Jaromir *(zurücktretend).*
O ich kenn dich, schönes Bild!
Nah ich mich wirst du vergehn
Und mein Hauch wird dich verwehn!

Berta *(ihn umfassend).*
Kann ein Wahnbild so umarmen?
Und blickt also ein Phantom?
Fühle, fühle ich bin's selber
Die in deinen Armen liegt!

Jaromir. Ja, du bist's! Ich fühle freudig
Deine warmen Pulse klopfen,
Deinen lauen Atem wehn.
Ja, das sind die klaren Augen,
Ja, das ist der liebe Mund,
Ja, das ist die süße Stimme,
Deren wohlbekannter Laut

Frieden auf mich niedertaut.
Ja, du bist's, du bist's, Geliebte!
B e r t a. Wohl bin ich's, o wärst du's auch!
Wie du zitterst!
J a r o m i r. Zittern! zittern!
Wer sieht das und zittert nicht?
Bin ich doch nur Fleisch und Blut,
Hat doch keine wilde Bärin
Mich im rauhen Forst geboren
Und mit Tigermark genährt,
Steht auf meiner offnen Stirne
Doch der heitre Name: Mensch!
Und der Mensch hat seine Grenzen!
Grenzen, über die hinaus
Sich sein Mut im Staube windet,
Seiner Klugheit Aug' erblindet,
Seine Kraft wie Binsen bricht
Und sein Innres zagend spricht:
Bis hierher und weiter nicht!
B e r t a. Du bist krank, ach geh zurück,
Geh zurück nach deiner Kammer.
J a r o m i r. Eher in die heiße Hölle
Als noch einmal auf die Stelle!
Ehrt Ihr so die Pflicht des Hauses
Und des Gastes heilig Recht? –
Arglos und vertrauensvoll
Folgt' ich meinem Führer nach
In das weite Prunkgemach.
Müde, ruhelechzend steig ich
Schnell das hohe Bett hinan
Und das Licht ist ausgetan.
Wehend fühl ich schon den Schlummer,
Mild wie eine Friedenstaube
Mit dem Ölzweig in dem Munde,
Über meinem Haupte schweben,
Und in immer engern Kreisen
Sich auf mich herniederlassen.
Jetzo, jetzo senkt sie sich,
Süße Ruhe fesselt mich. –
Da durchzuckt es meine Glieder,
Ich erwache, horch und lausche.

Laut wird's in dem öden Zimmer,
Rauschend wogt es um mich her
Wie ein wehend Ährenmeer,
Seltsam fremde Töne wimmern,
Zuckend fahle Lichter schimmern,
Es gewinnt die Nacht Bewegung
Und der Staub gewinnt Gestalt.
Schleppende Gewänder rauschen
Durch das Zimmer auf und nieder,
Hör es weinen, hör es klagen
Und zuletzt in meiner Nähe
Wimmert es ein dreifach Wehe!
Da reiß ich des Bettes Vorhang
Auf in ungestümer Hast;
Und mit tausend Flammenaugen
Starrt die Nacht mich glotzend an.
Lichter seh ich schwindelnd drehen
Und mit tausend fahlen Ringen
Schnell sich ineinander schlingen,
Und nach mir streckt's hundert Hände,
Kriecht an mich mit hundert Füßen,
Fletscht auf mich aus hundert Fratzen.
Und an meines Bettes Füßen
Dämmert es wie Mondenlicht,
Und ein Antlitz tauchet auf
Mit geschloßnen Leichenaugen,
Mit bekannten, holden Zügen,
Ja, mit deinen, *deinen* Zügen.
Jetzt reißt es die Augen auf,
Starrt nach mir hin, und Entsetzen
Zuckt mir reißend durchs Gehirn.
Auf spring ich vom Flammenlager,
Und durchs flirrende Gemach
Stürz ich fort, der Spuk mir nach.
Wie von Furien gepeitscht
Lang ich an hier in der Halle.
Da hört' ich dich Holde beten,
Will zu dir ins Zimmer treten,
Da verstellt mir – Siehst du? Siehst du?

Berta. Was Geliebter?

Jaromir. Siehst du nicht?

Dort im Winkel, wie sich's regt,
Wie's gestaltlos sich bewegt!

Berta. Es ist nichts Geliebter, nichts,
Als die wilde Ausgeburt
Der erhitzten Phantasie.
Du bist müde, ruh ein wenig,
Setz dich hier in diesen Stuhl.
Ich will schützend bei dir stehn,
Labekühlung zu dir wehn.

Jaromir *(sitzend, an ihre Brust gelehnt).*
Habe Dank, du treue Seele!
Süßes Wesen, habe Dank!
Schling um mich her deine Arme,
Daß der Hölle Nachtgespenster,
Scheu vor dem geweihten Kreise,
Nicht in meine Nähe treten.
Lieg ich so in deinen Armen,
Angeweht von deinem Atem,
Über mir dein holdes Auge;
Dünkt es mich auf Rosenbetten
In des Frühlings Hauch zu schlummern,
Klar den Himmel über mir.

(Der Graf kömmt.)

Graf. Wer ist hier noch in der Halle?
Berta, du? Und ihr?

Berta. Mein Vater! –

Jaromir. Weiß ich doch kaum was ich sagen,
Weiß kaum wie ich's sagen soll.
Töricht werdet Ihr mich nennen,
Und fast möcht' ich's selber tun,
Fühlt' ich nicht im tiefsten Innern
Jede meiner Fibern beben,
Beben, ja; und Ihr mögt glauben,
Es gibt Menschen, welche leichter
Zu erschüttern sind als ich.

Graf. Wie versteh ich? –

Berta. Ach, so hört nur,
Oben in der Erkerstube
Hatte man ihn hingewiesen.
Schon senkt schlummernd sich sein Auge,
Da erhebt sich plötzlich –

Graf. Ah!
Zählt man dich schon zu den Meinen?
Ist's in jenen dunkeln Orten
Also auch schon kundgeworden
Sohn, daß du mir teuer bist.
Warum kamst du auch hierher!
Glaubtest du, getäuschter Jüngling,
Wir hier feiern Freudenfeste?
Sieh uns nur einmal beisammen
In der weiten, öden Halle,
An dem freudelosen Tische;
Wie sich da die Stunden dehnen,
Das Gespräch in Pausen stockt,
Bei dem leisesten Geräusche
Jedes rasch zusammenfährt,
Und der Vater seiner Tochter
Nur mit Angst und innerm Grauen
Wagt ins Angesicht zu schauen,
Ungewiß, ob es sein Kind,
Ob's ein höllisch Nachtgesicht
Das mit ihm zur Stunde spricht.
Sieh, mein Sohn, so leben die,
Die das Unglück hat gezeichnet!
Und du willst den mut'gen Sinn,
Willst die rasche Lebenslust
Und den Frieden deiner Brust,
Köstlich hohe Güter, werfen
Rasch in unsers Hauses Brand?
O mein Kind, du wirst nicht löschen,
Wirst mit uns nur untergehn.
Flieh, mein Sohn, weil es noch Zeit ist:
Nur ein Tor baut seine Hütte
Hin auf jenes Platzes Mitte,
Den der Blitz getroffen hat.
Jaromir. Möge was da will geschehn,
Ich will Euch zur Seite stehn,
Muß es, mit Euch untergehn!
Graf. Nun wohlan, ist das dein Glaube,
So komm her an meine Brust –
So, und dieser Vaterkuß
Schließt dich ein in unsre Leiden,

Schließt dich ein in unsre Freuden.
Ja in unsre Freuden, Sohn,
Ist kein Dorn doch also schneidend,
Daß er nicht auch Rosen trägt.
(Der Alte setzt sich, von Jaromir und Berta unterstützt, in den Stuhl. Die beiden stehen Hand in Hand vor ihm.)
So, habt Dank, habt Dank, ihr Lieben! –
Seh ich euch so vor mir stehen,
Mit dem freudetrunknen Auge,
Mit dem lebensmut'gen Blick,
Will die Hoffnung neu sich regen,
Und erloschne, dunkle Bilder
Aus entschwundnen, schönern Tagen
Dämmern auf in meiner Brust.
Seid willkommen Duftgestalten,
Froh und schmerzlich mir willkommen! –
(Er versinkt in Nachdenken.)

Jaromir. Berta, sieh doch nur, dein Vater! –

Berta *(mit ihm etwas zurücktretend)*.
Laß ihn nur, er pflegt so öfter
Und sieht ungern sich gestört.
Aber, Lieber, sei vergnügt!
Sieh, mein Vater weiß schon alles.

Jaromir *(rasch)*. Alles?

Berta. Ja, und scheint's zu bill'gen!
Heute nur – er war so gut,
Ach so gut, so mild und sanft.
Sanfter, gütiger als du,
Der du kalt und trocken stehst,
Während ich nicht Worte finde,
Für mein Fühlen, für mein Glück.

Jaromir. Glaube mir –

Berta. Ei, glauben, glauben!
Besser stünd' es dem zu schweigen,
Der nicht weiß wie Liebe spricht:
Kann der Blick nicht überzeugen,
Überred't die Lippe nicht.
Sieh, man hat mir wohl erzählet,
Daß es leichte Menschen gebe,
Deren Liebe nicht bloß brennt
Auch verbrennt, und dann erlischt:

Menschen, die die Liebe lieben,
Aber nicht den Gegenstand;
Schmetterlinge, bunte Gaukler,
Die die keusche Rose küssen,
Aber nicht weil sie die Rose,
Weil sie eine Blume ist.
Bist du auch so, Stummer, Böser?
(Vom Nährahmen eine Schärpe nehmend.)
Ich will dir die Flügel binden,
Binden – binden Trotz'ger – binden
Daß kein Gott sie lösen soll!

Jaromir. Süßes Wesen! –
(Sie bindet ihm die Schärpe um.)

Graf *(hinüberblickend).* Wie sie glüht!
Wie es sie hinüberzieht!
Aller Widerstand genommen
Und im Strudel fortgeschwommen.
Nun wohlan, es sei! Der Himmel
Scheint mir selbst den Weg zu zeigen,
Den ich wandeln soll und muß.
Stemmt gleich manches sich entgegen,
Glimmt gleich in der tiefsten Brust
Noch verborgen mancher Funke
Von der einst so mächt'gen Glut.
Töricht Treiben! Eitles Trachten!
Der Palast ist eingesunken,
Kaum noch geben seine Trümmer
Eine Hütte für mein Kind.
Wohl es sei! Ach wie so schwer
Lösen sich die Hoffnungen,
In der Jugend Lenz empfangen,
Holde Zeichen, eingegraben
In des Bäumchens frische Rinde,
Aus des Alters morscher Brust.
Als sie mir geboren ward
Und vor mir lag in der Wiege
Freundlich lächelnd, schön und hold,
Wie durchlief ich im Gedanken
Die Geschlechter unsers Landes,
Sorgsam wählend, kindisch suchend
Nach dem künftigen Gemahl.

Fand den Höchsten noch zu niedrig,
Kaum den Besten gut genug:
Damit ist's nun wohl vorbei!
Ach, ich fühl es wohl, wir scheiden
Kaum so schwer von wahren Freuden,
Als von einem schönen Traum!

Berta *(an der Schärpe musternd).*
Halt mir still, du Ungeduld'ger!

Graf. Und ziemt mir so ekles Wählen?
Wenn es wahr was er gesprochen,
Was im Nebel der Erinnrung
Aus der fernen Jugendzeit
Unbestimmt, in sich verfließend
Meine Stirn vorüberschwebt;
Wenn sie wahr die alte Sage,
Daß der Name, den ich trage,
Der mein Stolz war und mein Schmuck,
Nur durch tief geheime Sünden –
Fort Gedanke! – Ha, und doch, und doch!

Berta *(ihr Werk betrachtend).*
So nun steht es schön und gut.
Aber nun sei mir auch freundlich,
Daß mich nicht die Arbeit reue!

Graf. Jaromir!

Jaromir *(aufgeschreckt).* Was! – Ihr Herr Graf!

Graf. Noch bist du uns Kunde schuldig
Von den Deinen, deiner Abkunft.
Jaromir von Eschen heißt du,
Fern am Rhein wardst du geboren,
Dienste suchst du hier im Heer,
So erzählte mir mein Mädchen,
Aber weiter weiß ich nichts.

Jaromir. Ist doch weiter auch nichts übrig.
Mächtig waren meine Ahnen,
Reich und mächtig. Arm bin ich.
Arm, so arm, daß wenn dies Herz,
Ein entschloßner kräft'ger Sinn
Und ein schwergeprüfter, doch vielleicht
Grade darum festrer Wille
Nicht für *etwas* gelten können,
Ich nichts habe und nichts bin.

G r a f. Du sagst viel mit wenig Worten.
Also recht! Du bist mein Mann!
Sieh, mein Sohn, ich bin ein Greis.
Die Natur winkt mir zu Grabe,
Und ein dunkel, dumpf Gefühl
Nennt mir nah des Lebens Ziel.
Nie hab ich dem Tod gezittert,
Und auch jetzt schreckt er mich nicht.
Doch dies Mädchen, sie mein Kind.
Könntest du in meinen Tränen,
Hier in meinem Herzen lesen
Was sie alles mir gewesen,
Du verstündest meinen Schmerz.
Daß ich sie allein muß lassen
In der unbekannten Welt,
Macht dem Tode mich erblassen,
Das ist's was so tief mich quält.
Sohn, auf dich ist ihrer Neigung
Schlaferwachtes Aug' gefallen;
Du weißt ihren Wert zu schätzen,
Weißt zu schützen was dir wert;
Du gabst einmal schon dein Leben
Und wirst's freudig wieder geben,
Wenn das Schicksal winkt, für sie.
Dir vertrau ich dieses Kleinod,
Sohn du liebst sie?
J a r o m i r. Wie mein Leben!
G r a f. Und du ihn?
B e r t a. Mehr als mich selbst.
G r a f. Mög' denn Gottes Finger walten!
Nimm sie hin, die du erhalten!
(Schläge ans Haustor.)
G r a f. Was ist das? – Wer naht so spät
Noch sich dieses Schlosses Toren!
B e r t a. Gott, wenn etwa –
G r a f. Sei nicht kindisch.
Glaubst du wohl, verdächtig Volk
Wage sich an feste Schlösser,
Wohlverwahrt und wohlbemannt.
G ü n t h e r *(kömmt)*.
Herr, ein königlicher Hauptmann

An der Spitze seines Haufens
Bittet Einlaß an der Pforte.
G r a f. Wie? Soldaten?
G ü n t h e r. Ja, Herr Graf.
G r a f. Weiß ich gleich nicht was sie suchen,
Öffne ihnen schnell die Pforten,
Stets willkommen sind sie mir.
(Günther geht.)
G r a f. Was führt den hierher zu uns?
Und in dieser Stunde? Gleichviel.
Wird doch seine Gegenwart
Wohl die Stunden uns beflügeln
Dieser peinlich langen Nacht.
B e r t a. Jaromir, geh doch zu Bette.
O du bist noch gar nicht wohl!
Sieh, ich fühl's an diesem Zucken,
An dem Stürmen deiner Pulse,
Daß du krank, bedenklich krank!
J a r o m i r. Krank? ich krank? Was fällt dir ein!
Stürmen gleich die raschen Pulse,
Grad im Sturme ist mir wohl!
(Günther öffnet die Türe. Der Hauptmann tritt ein.)
H a u p t m a n n. Ihr verzeihet, mein Herr Graf,
Daß ich noch in später Nacht
Eures Hauses Ruhe störe.
G r a f. Wer des Königs Farben trägt
Dem ist stets mein Haus geöffnet;
Euch, mein Herr, auch ohne sie.
H a u p t m a n n. Hier grüß ich wohl Eure Tochter?
G r a f. Ja, es ist mein einzig Kind.
H a u p t m a n n. Wie soll ich mich hier entschuld'gen?
Doch bringt meine Ankunft Schrecken,
Soll sie Schrecken auch zerstreun.
Jene mächt'ge Räuberbande,
Die die Geißel dieser Gegend –
G r a f. Ja, fürwahr, 'ne schwere Geißel!
Dieses Mädchen, meine Tochter,
Daß sie lebt noch, daß sie ist,
Dankt sie nur dem kühnen Mute
Ihres wackern Bräutigams
Jaromir von Eschen hier.

Ja er selbst, noch diese Nacht
Ward im Forst er überfallen,
Seine Diener ihm erschlagen,
Kaum entging er gleichem Los.

H a u p t m a n n. *Diese* Nacht?

J a r o m i r. Ja, diese Nacht.

H a u p t m a n n. Und wann –

J a r o m i r. Vor drei Stunden etwa!

H a u p t m a n n *(ihn ins Auge fassend, dann zum Grafen).*
Euer Eidam?

G r a f. Ja, mein Herr.

H a u p t m a n n. Reistet Ihr ein Stündchen später
War Euch jene Angst erspart.
(Zu den übrigen.)
Fürder mögt Ihr ruhig sein
Und nichts Arges mehr befahren,
Denn die Euer Schrecken waren,
Jene Räuber, sind nicht mehr!
Lange schon auf ihren Fersen,
Überfielen wir sie heute.
Nach beherztem, blut'gem Streite
Trat der Sieg auf unsre Seite
Und die Mörderschar erlag.
Teils getötet, teils gefangen,
Retteten sich wen'ge nur;
Wir verfolgen ihre Spur.

G r a f. Nun habt Dank, ihr wackern Krieger,
Habt den wärmsten, besten Dank!

H a u p t m a n n. Jetzt noch nicht, bis es vollendet.
Ist der Stamm gleich schon gefallen,
Haften doch noch manche Wurzeln;
Und ich hab mir's selbst geschworen,
Als man mich zur Tat erkoren,
Auszurotten diese Brut.
Bauern haben ausgesagt,
Daß hier in des Schlosses Nähe,
In des nahen Weihers Schilf,
Den verfallnen Außenwerken
Sich verdächtig Volk gezeigt.
Drum erlaubt, mein edler Graf,
Daß ich hier aus Euerm Schlosse,

Meiner Späher Suchen leite,
Stets bereit nach jeder Seite
Wo es Not tut abzugehn.
Bald, so hoff ich, ist's vorüber.
Ringsum stehen meine Posten;
Wenn sich auch in Busch und Feld
Einer noch verborgen hält
Sollen sie ihn tüchtig fassen,
Ihm ist nur die Wahl gelassen
Zwischen Ketten, zwischen Tod.

Graf. Dieses Schloß ist nicht mehr mein.
Bis Ihr Euer Werk vollendet,
Ist es Euer, ist des Königs.
O wie lieb ich diesen Eifer,
Der das Rechte schnell ergreift
Und fest hält, was er ergriffen.

Hauptmann. Nicht mehr Lob, als ich verdiene.
Führ ich hier des Rechtes Sache
Führ ich meine auch zugleich.
Hat doch dieses Räubervolk
Mir mein Stammschloß überfallen,
Und geraubt, gebrannt, gemordet,
Daß noch jetzt bei der Erinnrung
Mir das Herz im Busen bebt.
O mich drängt es, zu bezahlen
Was ich schwer nur schuldig bin.
Ich will schonen, grimmig schonen!
Nicht der Tod in Kampf und Schlacht
Werde dieser Brut zu Teile,
Nein, dem Rad, dem Henkerbeile
Sei ihr schuldig Haupt gebracht.

Berta. Nicht doch! Wollt Ihr Menschen richten,
Geht als Mensch ans blut'ge Werk!

Hauptmann. Hättet Ihr gesehn, mein Fräulein,
Was ich sah, mit Schauder sah,
Ihr verschlösset Euer Herz,
Wieset das geschäft'ge Mitleid
Gleich 'nem unverschämten Bettler
Von der streng geschloßnen Tür.
Jene rauchenden Ruinen,
Von der Flamme Glut beschienen,

Greise zagend,
Weiber klagend,
Kinder weinend
An erschlagner Mütter Brüsten
Durch die leergebrannten Wüsten.
Und dazu nun der Gedanke,
Daß die Geldgier, daß die Habsucht
Wen'ger feiger Bösewichter –

J a r o m i r *(vortretend und ihn hart anfassend).*
Wollt Ihr dieses holde Wesen,
Ihrer Seele schönen Spiegel,
Der auf seiner klaren Fläche
Rein die Schöpfung stellet dar,
Weil er selber rein und klar,
Mit der Rachsucht gift'gem Hauch,
Mit des Hasses Atem trüben!
Laßt sie süßes Mitleid üben,
Und in dem Gefallnen auch
Den gefallnen Bruder lieben.
O es läßt der Binse wohl
Der gebrochnen Eiche spotten!

H a u p t m a n n. Rasch ins Feuer, wenn sie brach.

J a r o m i r. Eure Zunge richtet scharf;
Doch was vorschnell sie gesündigt
Macht der Arm wohl zögernd gut.

H a u p t m a n n. Ha, wie nehm ich diese Worte?

J a r o m i r. Nehmt sie, Herr, wie ich sie gab.

H a u p t m a n n. Wär' es nicht an diesem Orte –

J a r o m i r. Legtet Ihr den Trotz wohl ab!

H a u p t m a n n. Warm seh ich Euch Räubern dienen!

J a r o m i r. Wer in Not ist, zähl' auf mich!

H a u p t m a n n. Nah der Beste unter ihnen –

J a r o m i r. Ruft ihn! Vielleicht stellt er sich!

G r a f. Jaromir, was muß ich hören!
Führt der Eifer dich so weit.
Magst du meinen Gast beleid'gen,
Kannst du Menschen wohl verteid'gen,
Welche selber sich verdammt.
Doch was gilt's, trotz dieser Hitze
Hab ich richtig dich erkannt,
Braucht es wen'ge Worte nur

Und dem Fehlgriff folgt die Reue,
Ja du folgst uns selbst ins Freie
Auf der Bösewichter Spur.

Jaromir. Ich?

Graf. Ja, du!

Jaromir. Ich, nimmermehr!
Wie? Ich sollte einen Armen,
Einen Stiefsohn des Geschicks,
Den die unnatürlich harte Mutter
Stiefgesinnt hinausgetrieben,
Fern von Wesen seiner Art
Zu des Waldes Nachtrevieren
Wo im Kreis von Raubgetieren
Selber er zum Raubtier ward,
Wie, ich sollt' ihm, wenn er naht,
Alles bietend was er hat,
Mit der Reue herben Zeichen,
Statt der Hand, um die er bat,
Meinen blut'gen Degen reichen?
Wer tut das, und ist ein Mann?
Einen Feind mir, der noch ficht,
Doch zum Häscher taug ich nicht!

Graf. Und wenn ich nun selber gehe,
Und, des Königs Lehensmann,
Diese Häscher führe an,
Wirst du folgen?

Jaromir. Ihr?

Graf. Ja, ich.
Ich mag Menschenleben schonen,
Weiß zu schätzen Menschenwert:
Doch laß uns nicht grausam sein
Gegen unsre bessern Brüder
Um den Schlimmen mild zu sein.
Ob das Herz auch ängstlich bebe,
Laß uns tun die strenge Pflicht,
Und damit der Gute lebe
Mit dem Mörder zum Gericht!

Jaromir. Recht gesprochen! Recht gesprochen!
Daß die Kindlein ruhig schlafen,
Mit den Hunden vor die Tür!
Mir ein Schwert! Ich will hinaus,

Will hinaus auf Menschenleben!
Ei, sie werden tüchtig fechten!
Ist das Leben doch so schön,
Aller Güter erstes, höchstes,
Und wer alles setzt daran,
Wahrlich, der hat recht getan!
Waffen, Waffen! Gebt mir Waffen!
Fort, hinaus! auf Menschenleben!
Laßt die Treiber fertig sein,
Und dann wacker losgejagt,
Bis der späte Morgen tagt!
Waffen! Waffen! Heda Waffen!

Berta. Sagt' ich Euch es nicht, mein Vater?
Er ist krank, gefährlich krank.

Jaromir. Ist's doch nur gerechte Strafe!
Seht doch! Konnten sie es wagen
Die Verruchten, rückzuschlagen,
Da auf sie das Schicksal schlug!
Menschen, Menschen! – Toller Wahn!
Außer uns wer geht uns an?
Fort hinaus aus unserm Kahn,
Der nur uns und Unsre faßt,
Fort hinaus unnütze Last!
Wenn empor ein Schwimmer taucht,
Schnell das Ruder wohl gebraucht.
Weg vom Rande deine Hände,
Daß sich unser Kahn nicht wende,
In dem Wellenstrudel ende!

Graf. Jaromir, was ficht dich an?

Jaromir. Ach verzeiht! Kaum weiß ich's selber!
Es ward mir die Jagdlust rege
Bei der fröhlichen Erzählung
Wie die Netze sei'n gestellt
Und nun bald das Wild gefällt.

Graf *(zum Hauptmann)*.
Ihr verzeihet wohl, mein Herr,
Seht, der Unfall dieser Nacht,
Und dann noch so manches andre,
Hat sein Wesen so zerrüttet,
Daß er kaum er selber noch.

Hauptmann. So bewegt, in dieser Stimmung

Ist nicht von Beleidigung,
Von Verzeihen nicht die Rede.
Pflegt der Ruhe, Herr von Eschen.
Unser widriges Geschäft,
Hat's gleich seine gute Seite,
Taugt für kein bewegt Gemüt.
Berta. Wohl, mein Lieber, folge mir.
Jaromir. Nicht doch! Laß mich! Laß mich! Sieh,
Mir ist wohl, wahrhaftig wohl.
Hauptmann. Uns geziemt es vorzuschlagen,
Anzunehmen steht bei Euch,
Und so nehm ich denn jetzt Urlaub
Zu vollenden mein Geschäft.
Graf. Doch Herr, kennt Ihr auch die Räuber?
Daß Ihr arglos stille Wandrer
Nicht belästigt ohne Not.
Hauptmann. Kennen? Ich nicht. Denn im Dunkeln
Überfielen wir sie heute,
Und in Kampfes blut'gem Ringen
Sieht man auf der Feinde Klingen
Mehr als auf ihr Angesicht:
Doch im Vorgemache draußen
Harret *einer* meiner Leute,
Der, von seinem Trupp getrennt,
Einst in ihre Hand geraten,
Der oft Zeuge ihrer Taten,
Und die Räuber alle kennt.
Heda! Holla!

(Soldat kommt.)

Hauptmann. Walter komme!

(Soldat ab.)

Graf. Zwinge dich doch länger nicht,
Jaromir, und geh zu Bette.
Leichenblaß ist dein Gesicht
Und aus deinem düstern Auge
Blickt des Fiebers dumpfe Glut.
Geh zu Bette, lieber Sohn!
(Auf die Seitentüre rechts zeigend.)
Hier in diesem stillen Zimmer
Soll nichts deine Ruhe stören.
Berta. Jaromir, laß dich erbitten.

Jaromir. Wohl, ihr wünscht es, und es sei!
Fast fühl ich mich selber unpaß.
(Das Schnupftuch an die Stirne pressend.)
(Walter kömmt.)
Hauptmann. Komm! Wir machen jetzt die Runde,
Und du folgst mir!
Walter. Wohl Herr Hauptmann.
Hauptmann. Ist dir dein Gedächtnis treu;
Wirst du jeden dieser Räuber
Wieder kennen, der sich zeigt?
Walter. Sicher werd ich, sorget nicht!
Berta *(Jaromir führend).*
Wie du wankst! Sieh, hier hinein!
(Jaromir geht durch die Seitentüre rechts ab.)
Graf. So, und jetzt geht denn mit Gott!
Hauptmann. Eins ist vorher noch zu tun,
Meines Auftrags leichtste Hälfte,
Die mir hier zur schwersten wird.
Aber sei's, ich muß. – Gar manches
Scheint dem *Menschen* überflüssig
Und ist's dem Soldaten nicht.
Mein Herr Graf, Ihr mögt erlauben,
Daß ich Eures Schlosses Innres
Noch vor allem erst durchforsche.
Graf. Dieses? Meines Schlosses, Herr?
Hauptmann. Streng gemessen ist mein Auftrag,
Jede Wohnung zu durchsuchen,
Wem sie sei, wem sie gehöre,
Nach der flücht'gen Räuber Spur.
Mag ich ungestüm erscheinen,
Ich erfülle meine Pflicht.
Und zudem, Ihr mögt verzeihen,
Wer bürgt Euch für Eure Leute?
Graf. Und wer Euch, denkt Ihr, für mich!
Hauptmann. Hätt' ich wirklich Euch beleidigt,
So bedenkt –
Graf. O laßt das! laßt das!
Wird es mir denn nimmer klar
Welcher weite Abgrund scheidet
Das was ist von dem was war.
Muß es mich denn immer mahnen!

Ich gedachte meiner Ahnen,
Deren Wort hier, weit und breit
Mehr galt, als der höchste Eid,
Unter denen der Verdacht
Und des Argwohns finstre Macht,
Schamrot sich geweigert hätten
Diese Hallen zu betreten.
Doch ich bin der Letzte und ein Greis!
Nun so glaubt denn Euren Augen!
(Die Türen nach der Reihe öffnend.)
Kommt und seht! – Hier dies mein Zimmer –
Meiner Tochter Schlafgemach –
(An der Türe von Jaromirs Gemach.)
Hier –
Berta. O gönnt ihm Ruhe, Vater!
Graf. Nun, Ihr saht ja erst vor kurzem
Meinen Eidam es betreten.
Hauptmann. Ihr verlangt mich zu beschämen.
Graf. Nur zu überzeugen, Herr!
Und nun kommt!
Hauptmann. Wohin?
Graf. Ins Freie
Mit Euch auf der Räuber Spur.
Hauptmann. Wie, Ihr wolltet?
Graf. Was ich muß.
Bin ich nicht Vasall des Königs?
Und ich kenne meine Pflicht
Minder nicht als Ihr die Eure.
Drum ohn' eine zweite Mahnung
Laßt uns gehen –
Berta. O mein Vater!
So bedenkt doch!
Graf. Still, mein Kind!
Hier hör ich nur eine Stimme
Und die hat bereits gesprochen. –
Kommt mein Herr, und sagt dem König,
Daß ich Graf von Borotin
Kein Genoß von Räubern bin,
Sagt, daß in des Löwen Höhle,
Statt des kräftigen, gesunden
Einen welken Ihr gefunden,

Der gebeugt und hilflos zwar *(aufgerichtet)*
Aber doch noch Löwe war.
(Ab mit dem Hauptmann.)

Berta. Ach er geht, er hört nicht, geht!
Läßt mich hier allein zurück,
Der Verzweiflung preisgegeben
Und der Sorge Natterzahn.
Soll ich für den Vater beben,
Fürchten was dem Trauten droht?
Hab doch nur dies *eine* Leben
Warum zweifach mir den Tod!
(An der Türe von Jaromirs Gemach.)
Jaromir! Mein Jaromir!
Keine Antwort, alles stille,
Alles schweigend wie das Grab.
Wie bezähm ich diese Angst,
Wie bezähm ich dieses Bangen,
Das mir schwül wie Wetterwolken
Auf der schweren Brust sich lagert.
O ich seh es in der Ferne,
Es verhüllen sich die Sterne,
Es erlischt des Tages Licht,
Der erzürnte Donner spricht,
Und mit schwarzen Eulenschwingen
Fühl ich es gehaltnen Flugs
Sich um meine Schläfe schlingen.
O ich kenn dich finstre Macht,
Ahne was du mir gebracht,
Muß ich's vor die Seele führen!
O es heißt, es heißt verlieren,
Und des Unheils ganzes Reich
Kennt kein Schrecken deinem gleich
Weh! Besitzen und verlieren!
Besitzen und verlieren! –

Wohin seid ihr goldne Tage?
Wohin bist du, Feenland?
Wo ich ohne Wunsch und Klage,
Mit mir selber unbekannt,
Lebte an der Unschuld Hand.

Wo ein Hänfling meine Liebe,
Eine Blume meine Lust,
Und der schmerzlichste der Triebe
Noch ein Fremdling dieser Brust.

War der Himmel auch umzogen,
Heiter strahlte doch mein Sinn
Und auf spiegelhellen Wogen
Taumelte das Leben hin.

Spielend in dem Strahl der Sonne,
Lockte mich des Bechers Rand,
Und ich trank der Liebe Wonne
Und ihr Gift aus seiner Hand.

Seit sein Arm mich hat umwunden,
Seit ich fühlte seinen Kuß,
Ist das Feenland verschwunden
Und auf Dornen tritt mein Fuß;

Dornen, die zwar Rosen schmücken,
Aber Dornen, Dornen doch,
In dem glühendsten Entzücken
Fühl ich ihren Stachel noch.

Sehnend wünsch ich seine Nähe,
Und er kommt. Wie jauchzt die Braut!
Doch wie ich ins Aug' ihm sehe,
Werden innre Stimmen laut,

Tief im Busen scheint's zu sprechen
Wenn mein Blick in seinem ruht,
Deine Liebe ist Verbrechen,
Gottverhaßt ist diese Glut.

Jenes dumpfe, trübe Brüten,
Seines Auges starrer Blick,
Scheint Entfernung zu gebieten
Und ich bebe bang zurück.

Doch will ich mich ihm entziehen,
Trifft sein Blick mich weich und warm,
Mit dem Willen zu entfliehen,
Flieh ich nur in seinen Arm,

Und wie der Charybde Tosen,
Erst von sich stößt Schiff und Mann,
Dann verschlingt die Rettungslosen,
Stößt er ab und zieht er an.

Wer mag mir das Rätsel lösen?
Ist es gut; warum so bang?
Ach und führet es zum Bösen;
Woher dieser Himmelsdrang?

(Mit ausgebreiteten Armen.)

Kann mein Flehen dich erreichen,
Unerklärbar hohe Macht,
Die ob diesem Hause wacht,
So gib gnädig mir ein Zeichen,
Einen Leitstern in der Nacht!

Ist es Tod – *(Es fällt ein Schuß.)*
Ha! – Was war das? – Ein Schuß! –
Deut ich es das grause Zeichen?
Ward mein frevler Wunsch erhört? –
Weh mir! – Weh! – Ich bin allein! –
Ha, allein? – Was streifte da
Kalt und wehend mir vorüber! –
Bist du's geist'ge Sünderin? –
Ha, ich fühle deine Nähe,
Ha, ich höre deinen Tritt!
(An der Türe von Jaromirs Gemach.)
Jaromir, wach auf, wach auf!
Schütze deine Berta! – Jaromir!
Nur ein Wort, nur einen Laut,
Daß du wachst, daß du mich hörst,
Daß ich nicht allein! – Bei dir! –
Schweigst du? – Ha ich muß dich sehen,
Dich umfangen, dich umschlingen,
Sehen, fühlen daß du lebst. *(Öffnet die Türe und stürzt hinein. Es fällt noch ein Schuß. Heraustaumelnd.)*
Haltet ein! O haltet ein!
Alles leer! – das Fenster offen!
Er ist fort! – ist tot! tot! – tot!

Ende des zweiten Aufzuges

DRITTER AUFZUG

Halle wie in den vorigen Aufzügen.

Berta *(sitzt am Tische, den Kopf in die Hand gestützt).*
Liebe das sind deine Freuden,
Das Besitz ist deine Lust?
Wie sind dann der Trennung Leiden,
Und wie martert der Verlust?
(Sinkt in ihre vorige Stellung zurück.)
(Pause – Jaromir öffnet die Seitentüre rechts, und will schnell zurück da er jemanden erblickt.)
Berta. Jaromir! – Du weichst zurück?
Weichst vor mir zurück? – O bleib!
Wie hab ich um dich gezittert,
O Geliebter, wie gebebt!
Sprich, wie fühlst du dich?
Jaromir *(scheu und düster).* Gut! Gut!
Berta. Gut? O daß ich's glauben könnte!
Jaromir, wie siehst du bleich!
Gott! Am Arm die Binde –
Jaromir. Binde?
Berta. Hier!
Jaromir. Ei Scherz!
Berta. Ein blut'ger Scherz!
Sieh das Blut hier an dem Ärmel.
Jaromir. Hat's geblutet? Possen, Possen!
Berta. Reiß mich doch aus dieser Angst!
Wo wardst du, und wie verwundet?
(Ihre Augen begegnen den seinigen, er wendet sich schnell ab.)
Berta. Du erbebst? du kehrst dich ab?
Jaromir *(einige Schritte sich entfernend).*
Nein ich kann nicht, kann nicht, kann nicht!
Seh ich diese reinen Züge,
Senkt zu Boden sich mein Blick
Und der finstre Geist der Lüge
Kehrt zur finstern Brust zurück.
Hölle! eh' du das begehrst,
Laß zuvor dies Herz sich wandeln,

Und soll ich als Teufel handeln,
Mache mich zum Teufel erst!
B e r t a. Jaromir, ich laß dich nicht!
Steh mir Rede, gib mir Antwort!
Wo wardst du und wie verwundet?
J a r o m i r *(mit gesenktem Aug').*
Schlafend ritzt' ich mich am Arme.
B e r t a. Schlafend? Du hast nicht geschlafen!
Sieh, ich war in deiner Kammer,
Du warst fort, das Fenster offen!
J a r o m i r *(erschreckend).*
Ha!
B e r t a. Geliebter, laß mich's wissen!
O du weißt nicht, welche Bilder
Schwarz vor meine Seele treten.
Heiß sie weichen! Heiß sie fliehn!
Wo wardst du, und wie verwundet?
J a r o m i r *(mit Bedeutung).*
Du begehrst's, so sei es denn! *(Mit Absätzen.)*
Angelangt in meiner Kammer
Hört' ich schießen, klirren, schreien –
Deinen Vater wußt' ich unten –
Wollte helfen – schützen – retten –
Weiß kaum selbst mehr was ich wollte. *(Gefaßter.)*
Wie ich nun so sinnend stehe,
Da gewahr ich einer Linde,
Die die frostentlaubten Äste
Bis zu jenem Fenster streckt.
Ich ergriff die starken Zweige,
Die sie hilfreich bot, und steige,
Unbesonnen, unbedacht
Rasch hinunter in die Nacht.
Hundert Schritte kaum gegangen –
Fällt ein Schuß – Ob Freund ob Feind –
Weiß ich nicht – genug – er traf.
Da erwacht' ich zur Besinnung,
Sah mit Schreck was ich gewagt.
Weiter gehen schien gefährlich,
Drum eilt' ich zurück zur Linde,
Die herab mir half, und finde
Auch den Rückweg so zurück.

Berta. Und bei allen dem befiel dich
Auch nicht *ein*, nicht *ein* Gedanke
Nur an mich, an meinen Schmerz.
Einem Einfall hingegeben,
Wagtest lieblos du dies Leben
Das zugleich das *meine* ist.
O du fühlst nicht so wie ich!
Wenn dich gleiche Sehnsucht triebe,
Wüßtest du wohl, daß die Liebe
Auch das *eigne* Leben ehrt,
Weil's dem Teuern angehört.

Jaromir *(an seinem verwundeten Arm zerrend).*
Tobe, tobe, heißer Schmerz,
Übertäube dieses Herz!

Berta. Warum zerrst du so am Arme?
Deine Wunde –

Jaromir. Ist verbunden!

Berta. Rauh die Schärpe umgewunden!
Harter, fühle *meine* Schmerzen,
Wenn du *deine* auch nicht fühlst.
Hier ist Balsam – hier ist Linnen –
Mir den Arm! Ich will ihn heilen.
Reich mir ihn; ich will versuchen,
Ob es mir vielleicht gelingt,
Einen jener lieben Blicke,
Ein *Geschenk* in schönern Tagen,
Jetzt als Lohn davonzutragen.
Jaromir, ich will's versuchen,
Ob die Hand hier mehr erreicht,
Als dies Herz voll heißer Triebe,
Ach und ob dein Dank vielleicht
Reicher ist, als deine Liebe, *(Die Schärpe ablösend.)*
Sieh doch nur, die schöne Schärpe,
Die ich mühevoll gestickt,
Und auf die, statt reicher Perlen,
Manche Träne frommer Liebe,
Dir einst teurer Schmuck, gefallen,
Sieh, wie ist sie doch zerrissen.
Ach zerrissen, wie mein Herz!

(Sie verbindet ihn. Die Schärpe fällt vor ihr auf den Boden hin.)

Berta. Immer stumm noch, immer düster!
Ach du bist so sonderbar.
Im Gesichte wechselt Glut
Mit des Todes fahler Farbe,
Gichtrisch zuckt der bleiche Mund
Und dein Aug' sucht scheu den Grund.
Gott, du schreckst mich!
Jaromir *(wild).* Schreck ich dich?
Berta. Güt'ger Himmel, was war das?
Jaromir. Horch! – Im Vorsaal – Hörst du? Tritte!
Fort!
Berta. Bleib doch!
Jaromir. Nein, nein, nein!
Horch, man kömmt! – Schnell fort! fort! fort!
(Eilt ins Gemach zurück.)
Berta. Ist er's noch? Ist's noch derselbe?
Wie er bebte, und erblich,
Wie sein Aug' zu Boden sank!
Himmel! Wie er's auch verhehle,
Schwer ist noch sein Körper krank,
Oder – schwerer seine Seele.
Ein Soldat *(kömmt, ein abgerissenes Stück von einer Schärpe in der Hand).*
Ihr verzeiht! Ist hier mein Hauptmann?
Berta. Nein, mein Freund.
Soldat. Wo mag der sein?
Erst war er bei unsern Posten,
Und jetzt nirgends aufzufinden.
Glaubt' ihn schon zurückgekehrt
Um der Ruhe hier zu pflegen.
Berta. Und mein Vater? –
Soldat. Ist bei ihm!
Habt nicht Angst, mein holdes Fräulein.
An den Räubern ist's zu zittern,
Denn wir sind auf ihrer Spur.
Zielte Kurt ein bißchen schärfer,
Oder hatt' ich beßres Glück,
War der Räuberhauptmann unser.
Ja der Hauptmann! Staunt nur Fräulein.
Ei, ich war ihm nah genug
Um ihn wieder zu erkennen!

Wie er da so um die Mauern
Und durch die Gebüsche kroch,
Da schoß Kurt nach ihm, und brav,
Denn, bei meiner Treu, es traf,
Hier, am Arme.

Berta. Gott! – Am Arme?

Soldat. Ja, am Arm, 's floß Blut darnach.
Taumelnd wankt' er hart und schwer,
Und es wollt' uns fast bedünken,
Jetzt müss' er zu Boden sinken.
Wie ich ihn so wanken sehe,
Ich hervor, und auf ihn hin.
Hart faßt' ich ihn an am Gürtel
Und am Hals mit starker Hand,
Trotz dem Sträuben, trotz dem Ringen,
Meint' es müsse mir gelingen:
Doch bald war er aufgerafft,
Packte mich mit Riesenkraft,
Wie ich mich verzweifelt wehrte,
Mußt' ich dennoch auf die Erde
Und der Höllensohn verschwand.
Ob wir rasch gleich nach ihm setzen,
All umsonst, und dieser Fetzen,
Blieb statt ihm in meiner Hand.
(Das Stück der Schärpe hinhaltend.)

Berta *(es erkennend).*
Ha!

(Sie läßt ihr Schnupftuch auf die Erde fallen, so daß es die am Boden liegende Schärpe bedeckt, und steht zitternd.)

Soldat. Ei ja mein schönes Fräulein.
Glaubt, fürwahr es ist kein Scherz
Dem da in den Weg zu treten.
Ich war lang in seinen Klauen,
Und noch jetzt denk ich mit Grauen,
Mit Entsetzen jener Zeit.
Wenn er so nach seiner Weise
Stand in der Gefährten Kreise,
Mit dem dunkel glühnden Blick,
Wie da nicht ein Laut entschwebte,
Und der Mutigste selbst bebte,
Und der Ungestümste schwieg.

Bis er mächtig dann begann:
Frisch Genossen, drauf und dran!
Jeder zu den Waffen eilte,
Und der wilde Haufen heulte,
Daß es bis gen Himmel drang
Und die Gegend rings erklang.
Und dann fort der ganze Troß,
Er vorauf auf schwarzem Roß,
Wie des Teufels Kampfgenoß,
Heiß von Wut und Rachgier glühend,
Blitze aus den Augen sprühend.
Wo der Haufe sich ließ sehen
War's um Menschenglück geschehen;
Nichts verschonte ihre Wut,
Alles nieder! Menschenblut
Rauchte auf der öden Stätte
Mit den Trümmern um die Wette.
Schaudert ihr? Es ist darnach.
Doch gekommen ist der Tag,
Wo auch ihnen wird ihr Lohn
Und der Henker wartet schon.

Berta. Weh!

Soldat *(den Fetzen auf den Tisch werfend).*
Da lieg unnützes Stück.
Will noch mal hinaus zum Tanz,
Und was gilt's, ich bring ihn ganz!
Gott befohlen, schönes Fräulein! *(Ab.)*

Berta. Weh mir weh! – Es ist geschehn!

(In den Sessel stürzend, und die Hände vors Gesicht schlagend.)

Jaromir *(die Türe öffnend).*
Ist er fort? – Was fehlt dir Berta?

Berta *(deutet mit abgewandten Blicken auf das am Boden liegende Schnupftuch hin).*

Jaromir *(es aufhebend).*
Meine Schärpe!

Berta *(hält ihm das abgerissene Stück vor, mit bebender Stimme).* Räuber!

Jaromir *(zurücktaumelnd).* Ha!
Nun wohlan, es ist geschehn!
Wohl, der Blitzstrahl hat geschlagen,

Den die Wolke lang getragen,
Und ich atme wieder frei.
Fühl ich gleich es hat getroffen,
Ist vernichtet gleich mein Hoffen,
Doch ist's gut, daß es vorbei!
Jene Binde mußte reißen
Und verschwinden jener Schein;
Soll ich zittern das zu heißen,
Was ich nicht gebebt zu sein?
Nun braucht's nicht mehr zu betrügen,
Fahret wohl ihr feigen Lügen,
Ihr wart niemals meine Wahl:
Daß ich es im Innern wußte,
Und es ihr verschweigen mußte,
Das war meine gift'ge Qual.
Wohl, der Blitzstrahl hat geschlagen,
Das Gewitter ist vorbei;
Frei kann ich nun wieder sagen
Was ich auf der Brust getragen,
Und ich atme wieder frei. –
Ja ich bin's, du Unglücksel'ge,
Ja ich bin's, den du genannt!
Bin's den jene Häscher suchen,
Bin's dem alle Lippen fluchen,
Der in Landmanns Nachtgebet
Hart an an dem Teufel steht;
Den der Vater seinen Kindern
Nennt als furchtbares Exempel,
Leise warnend: Hütet euch,
Nicht zu werden diesem gleich!
Ja ich bin's, du Unglücksel'ge,
Ja ich bin's, den du genannt!
Bin's den jene Wälder kennen,
Bin's den Mörder: Bruder nennen,
Bin der Räuber Jaromir!

B e r t a. Weh mir, wehe!

J a r o m i r. Bebst du Mädchen?
Armes Kind, schon bei dem Namen
Faßt es dich mit Schauder an?
Laß dich nicht so schnell betören,
Was du schauderst anzuhören,

Mädchen, das hab ich getan!
Dieses Aug', des deinen Wonne,
War des Wanderers Entsetzen;
Diese Stimme, dir so lieblich,
War des Räuberarms Gehilfin
Und entmannte bis er traf;
Diese Hand, die sich so schmeichelnd
In die deinige getaucht,
Hat von Menschenblut geraucht!
  Schüttle nicht dein süßes Haupt,
Ja ich bin's, du Unglücksel'ge!
Weil die Augen Wasser blinken,
Weil die Arme kraftlos sinken,
Weil die Stimme bebend bricht,
Glaubst du, Kind, ich sei es nicht?
Ach der Räuber hat auch Stunden,
Wo sein Schicksal, ganz empfunden,
Solche Tropfen ihm erpreßt.
Berta, Berta, glaube mir,
Dessen Augen jetzt in Weinen
Fruchtlos suchen nach den *deinen*,
Ist der Räuber Jaromir!

Berta. Himmel! Fort!

Jaromir. Ja du hast recht!
Fast vergaß ich wer ich bin!
Feige Tränen fahret hin!
Darf ein Räuber menschlich fühlen?
Darf sein heißes Auge kühlen
Einer Träne köstlich Naß?
Fort! Von Menschen ausgestoßen,
Sei dir auch ihr Trost verschlossen,
Dir Verzweiflung nur und Haß!
Wie ich oft mit mir gestritten,
Wie gerungen, wie gelitten,
Darnach frägt kein Menschenrat.
Vor des Blutgerichtes Schranken
Richtet man nicht die Gedanken,
Richtet man nur ob der Tat!
  Nun, so weiht mich eurem Grimme,
Willig steig ich aufs Schafott,
Doch zu dir ruft meine Stimme,

Auf zu dir du heil'ger Gott!
Du hörst gütig meine Klagen,
Dir Gerechter will ich's sagen,
Was mein wunder Busen hegt,
Du, mein Gott, wirst gnädig richten,
Und ein Herz nicht ganz vernichten,
Das in Angst und Reue schlägt.
  Unter Räubern aufgewachsen,
Groß gezogen unter Räubern,
Früh schon Zeuge ihrer Taten,
Unbekannt mit milderm Beispiel,
Mit dem Vorrecht des Besitzes,
Mit der Menschheit süßen Pflichten,
Mit der Lehre Lebenshauch,
Mit der Sitte heil'gem Brauch;
Wirst du wohl den Räuberssohn,
Wirst Gerechter ihn verdammen,
Menschenähnlich, schroff und hart,
Wenn er selbst ein Räuber ward!
Ihn verdammen, wenn er übte,
Was die taten, die er liebte,
Und an seines Vaters Hand,
Dem Verbrechen sich verband.
Weißt du doch, wie beim Erwachen
Aus der Kindheit langem Schlummer,
Er mit Schrecken sich empfand,
Seinem schwarzen Lose fluchte,
Zweifelnd einen Ausweg suchte,
Suchte, Himmel, und nicht fand.
Weißt du doch, wie seit den Stunden,
Als ich sie, ich sie gefunden,
Die mich nun bei *dir* verklagt,
Meinem wüsten Tun entsagt;
Weißt du – Doch wozu die Worte!
Wie mein Herz auch schwellend bricht,
Bleibt versperrt des Mitleids Pforte,
Du weißt alles, ew'ges Licht,
Und die Harte hört mich nicht.
Ab von mir bleibt sie gewendet. –
Nun wohlan, so sei's vollendet!
Ach, geendet ist's ja doch!

Ob mein Blut die Erde rötet:
Hat doch *sie* mich schon getötet,
Henker, sprich! Was kannst du noch?
(Geht rasch der Türe zu.)

Berta *(aufspringend).*
Jaromir! – Halt ein!

Jaromir. Was hör ich?
Das ist meiner Berta Blick!
Ihre Stimme tönt mir wieder,
Und auf goldenem Gefieder
Kehrt das Leben mir zurück.
(Auf sie zueilend.)
Berta! Berta! Meine Berta!

Berta. Laß mich!

(Sie eilt fliehend gegen den Vorgrund. Jaromir erreicht sie und faßt ihre Hand, die sie nach einigem Widerstreben in seiner läßt. Sie steht mit abgewandtem Gesichte.)

Jaromir. Nein, ich laß dich nicht!
Ach soll denn der Unglücksel'ge,
Kaum dem Schiffbruch nur entgangen,
Dem die Kraft schon schwindend sinkt,
Treibend auf der Wasserwüste,
Denn umklammern nicht die Küste,
Die ihm reich entgegenblinkt?
Nimm mich auf, o nimm mich auf!
Was aus meinem frühern Leben
Noch mir hafte, noch mir bliebe,
Alles, bis auf deine Liebe,
Als unwürdig deinem Blick,
Stoß ich's in die Flut zurück;
Als ein neues, reines Wesen,
Wie aus meines Schöpfers Hand,
Lieg ich hier zu deinen Füßen
Um zu lernen, um zu büßen.
(Ihre Kniee umfassend.)
Nimm mich auf! O nimm mich auf!
Mild, wie eine Mutter, leite
Mich, dein Kind, wie's dir gefällt,
Daß mein Fuß nicht strauchelnd gleite
In der neuen, fremden Welt.
Lehr mich deine Wege treten,

Glück gewinnen, Glück und Ruh',
Lehr mich hoffen, lehr mich beten,
Lehr mich heilig sein wie *du*!
Berta, Berta, und noch immer,
Und noch immer fällt kein Blick
Auf den Flehenden zurück?
Meine Berta, sei nicht strenger,
Als der strenge Richter, Gott;
Der mit seiner Sonne Strahlen
In des Sünders letzten Qualen
Noch vergoldet das Schafott. –
Ha ich fühle – dieses Beben –
Ja – du bist mir rückgegeben!
(Die schwach sich Sträubende in seine Arme ziehend.)
Berta! Mädchen! Gattin! Engel!
(Aufspringend.)
Stürze jetzt die Erde ein!
Ist doch hier der Himmel mein!

Berta. Jaromir, ach Jaromir!

Jaromir. Fort jetzt Tränen, fort jetzt Klagen!
Mag das Schicksal immer schlagen,
Wenn dein Arm mich, Teure, hält,
Trotz ich einer ganzen Welt.
Meine Schuld ist ausgestrichen,
Jubelnd bin ich mir's bewußt,
Und Gefühle, längst verblichen,
Blühen neu in dieser Brust.
Wieder bin ich aufgenommen
In der Menschheit heil'gem Rund,
Und des Himmels Geister kommen
Segnend den erneuten Bund.
Unschuld mit dem Lilienstengel,
Liebe mit der goldnen Frucht,
Hoffnung, jener Friedensengel,
Der sich jenseits Kronen sucht.
Nun stürmt immer, wilde Wogen,
Schwellt in himmelhohen Bogen,
In des Hafens sichrer Hut
Lach ich der ohnmächt'gen Wut.
Und nun höre, meine Berta!
Lange noch eh' ich dich kannte,

Dacht ich schon auf künft'ge Flucht.
Weit von hier, am fernen Rhein
Ist ein Schloß, ein Gütchen mein,
Gelder, Wechsel stehn bereit,
Fertig wie mein Wink gebeut.
Dorthin, wo mich niemand kennt,
Wo man mich: von Eschen nennt,
Nach dem stillen Gütchen hin,
Dahin, Berta, laß uns fliehn.
Dort fang ich auf neuer Bahn
Auch ein neues Leben an,
Und nach wenig kurzen Jahren,
Dünkt uns was wir früher waren
Wie ein altes Märchen, kaum
Klarer als ein Morgentraum.

Berta. Fliehen soll ich?

Jaromir. Kann ich bleiben?
Kann ich fliehen ohne dich?

Berta. Und mein Vater?

Jaromir. Weib, und ich?
Wohl so bleib, auch ich will bleiben!
Hier, hier sollen sie mich finden,
Fassen, würgen, fesseln, binden,
Hier vor deinem Angesicht.
Wohl, so bleib du gute Tochter,
Pflege deinen grauen Vater,
Führ lustwandelnd ihn hinaus,
Hin zu jener schwarzen Stätte,
Wo auf sturmdurchwehtem Bette
Im durch dich vergoßnen Blut
Dein ermordet Liebchen ruht.
Zeig ihm dann am Rabensteine
Jene modernden Gebeine –

Berta. Ach, halt ein!

Jaromir. Du willst?

Berta *(halb ohnmächtig)*. Ich will!

Jaromir. So hab Dank, hab Dank, mein Leben!
Schnell jetzt fort, ich kann nicht weilen;
Hier wird mich ihr Arm ereilen,
Meine Spur ist schon entdeckt.
Dieses Schloß wird man durchspüren,

Sie durch die Gemächer führen,
Denn ihr Argwohn ist geweckt.
Abwärts suchen jetzt die Späher,
Dieses Schlosses Außenwerke,
Seine halbverfallnen Gänge
Sind dem Räuber längst bekannt.
Dorthin will ich mich verbergen,
Bis der Augenblick erscheint,
Der auf ewig uns vereint.
Wenn erschallt die zwölfte Stunde
Und kein lebend Wesen wacht,
Nah ich leise, leis im Bunde
Mit der stillen Mitternacht.
Im Gewölbe, wo in Reihen
Deiner Väter Särge stehn,
Führt ein Fenster nach dem Freien,
Dort, mein Kind, sollst du mich sehn –
Und schnell eil ich, wenn das Zeichen
Von der lieben Hand erschallt,
Schnell dahin, wo unter Leichen,
Mir dies liebe Leben wallt.
Dort an deiner Väter Särgen,
Die Verdacht und Argwohn fliehn,
Soll die Liebe sich verbergen,
Und dann schnell ins Weite hin!
Also kommst du?

Berta *(leise)*. Ja, ich komme!

Jaromir. Also willst du?

Berta. Ja, ich will!

Jaromir. Jetzt leb wohl, denn ich muß fort;
Daß sie uns nicht überraschen.
Lebend soll man mich nicht haschen.
Doch noch eins! Kind, schaff mir Waffen!

Berta. Waffen? Waffen? Nimmermehr!
Daß du von Gefahr gedrängt,
Selber nach dem eignen Leben –

Jaromir. Sei nur unbesorgt, mein Kind.
Seit ich weiß wie du gesinnt,
Seit ich deinen Schwur gehört,
Hat mein Leben wieder Wert.
Auch bedürft' es nicht der Waffen.

Um mir Freiheit zu verschaffen,
Wär' dies Fläschchen wohl genug.
B e r t a. Fort dies Fläschchen!
J a r o m i r. Kind, warum?
B e r t a. Glaubst du denn, mir würde Ruh',
Glaubst ich könnt' es bei dir wissen
Ohne daß mein Herz zerrissen?
J a r o m i r. Macht's dich ruhig, nimm es hin!
(Das Fläschchen auf den Tisch werfend.)
Doch nun schaff mir Waffen, Waffen!
B e r t a. Waffen? Ach woher?
J a r o m i r. Ei hängt nicht,
Hängt denn nicht an jener Mauer
Dort ein Dolch?
B e r t a. Ach laß ihn, laß ihn!
Zieh ihn nicht aus seiner Scheide,
Unglück hängt an dieser Schneide.
Von dem Dolche, den du siehst,
Ward der Ahnfrau unsers Hauses
Einst in unglücksel'ger Stunde
Eingedrückt die Todeswunde.
Als ein Zeichen hängt er da
Von dem nächtlichen Verhängnis
Das ob unserm Hause brütet.
Blut'ges hat er schon gesehn,
Blut'ges kann noch jetzt geschehn!
(Die Ahnfrau erscheint hinter den beiden, die Hände, wie abwehrend, gegen sie ausgestreckt.)
B e r t a. Was starrst du so gräßlich hin?
Mann du zitterst? Ich auch bebe!
Grabesschauer faßt mich an,
Leichenduft weht um mich her!
(Sich an ihn schmiegend.)
Ich erstarre! Ich vergehe!
J a r o m i r. Laß mich! – Diesen Dolch da kenn ich!
B e r t a. Bleib zurück! Berühr ihn nicht!
J a r o m i r. Sei gegrüßt, du hilfreich Werkzeug!
Ja du bist's, fürwahr du bist's!
Wie ich dich so vor mir sehe
Tauchen ferner Kindheit Bilder,
Lang verborgen, lang entzogen

Von des Lebens wilden Wogen,
Wie der Heimat blaue Berge,
Auf aus der Erinnrung Flut. –
An dem Morgen meiner Tage
Hab ich dich schon, dich gesehn.
Seitdem durch die Nacht des Lebens
Schwebtest du mir gräßlich vor
Wie ein blutig Meteor.
In der flucherfüllten Nacht,
Als ich auf der ersten Stufe
Meinem furchtbaren Berufe
Scheu die Erstlinge gebracht,
Da sah ich mit bleichem Schrecken
In der Wunde, die ich schlug,
Statt des Dolches, den ich trug,
Deine, deine Klinge stecken.
Und seit jenem Schreckenstag
Blieb dein Bild mir immer wach!
Sei gegrüßt, du hilfreich Werkzeug!
Lockend seh ich her dich blinken,
Und mein Schicksal scheint zu winken.
Du bist mein! Drum her zu mir!
(Drauf los gehend.)

Berta *(zu seinen Füßen).*
Ach, halt ein!

Jaromir *(immer unverwandt auf den Dolch blickend).*
Weg da! – Zurück!
(Er nimmt den Dolch. Die Ahnfrau verschwindet.)

Jaromir. Was ist das? Was ist geschehn?
Als du dort noch flimmernd hingst,
Schien von deiner blut'gen Schneide
Auszugehn ein glühend Licht;
Das durch der Vergangenheit
Nachtumhüllte Nebeltäler,
Scheu, mit mattem Strahle flammte.
Und Gestalten, oft gesehn,
Wie in einem frühern Leben
Fühlt' ich ahnend mich umschweben.
Diese Hallen grüßten mich
Dies Gerät schien mir zu winken,
Und in meines Busens Gründen

Schien ich mir mich selbst zu finden.
Und jetzt ausgelöscht, verweht,
Wie ein Blitzstrahl kommt und geht.

Berta. Diesen Dolch! O leg ihn hin!

Jaromir. Ich, den Dolch? Nein, nimmermehr!
Er ist mein, ist mein, ist mein!
Ei fürwahr ein tüchtig Eisen!
Wie ich ihn so prüfend schwinge
Wird mit eins mir guter Dinge
Und mein innres Treiben klar.
Wen's mit dir, mein guter Stahl,
Mir gelingt so recht zu fassen,
Der wird mich wohl ziehen lassen
Und kömmt nicht zum zweitenmal.
Nun leb wohl, leb wohl mein Kind!
Mutig! Froh! Die Zukunft lacht!
Und gedenk! – Um Mitternacht!
(Mit erhobenem Dolche ins Seitengemach ab.)

Ende des dritten Aufzuges

VIERTER AUFZUG

Halle wie in den vorigen Aufzügen. Lichter auf dem Tische. Berta sitzt, den Kopf in die flachen Hände und diese auf den Tisch gelegt.

Günther *(kömmt).*
Ihr seid hier, mein gnäd'ges Fräulein?
Mögt Ihr weilen so allein
In den düsteren Gemächern
Und in dieser, dieser Nacht?
Wahrlich, eine schreckenvollre
Hat dies Aug' noch nie gesehn.
Wimmernd heult der Sturm von außen
Und im Innern schleicht Entsetzen
Sinnverwirrend durch das Schloß.
Auf den dunkeln Stiegen rauscht es,

Durch die öden Gänge wimmert's,
Und im Grabgewölbe drunten
Poltert's mit den morschen Särgen,
Daß das Hirn im Kreise treibt
Und das Haar empor sich sträubt.
Manches steht uns noch bevor,
Wandelt doch die Ahnfrau wieder;
Und man weiß aus alten Zeiten,
Daß das Großes zu bedeuten,
Schweres anzukünden hat,
Unglück oder Freveltat!

Berta. Unglück *oder* Freveltat?
Unglück, ach *und* Freveltat. –
Reichte nicht das Unglück hin
Dieses Dasein zu vernichten,
Warum noch den schweren Frevel
Laden auf die wunde Brust?
Warum, du gerechtes Wesen,
Noch mit des Gewissens Fluch
Deinen harten Fluch verschärfen?
Warum, Gott, *zwei* Blitze werfen,
Wo's an *einem* schon genug?

Günther. Ach, und Euer grauer Vater
Draußen in dem Wintersturm
Bloßgestellt der Wut des Wetters
Und der blut'gen Räuber Dolch!

Berta. Dolch? – Was sagst du? – Welcher Dolch? –
Gab ich? Nahm er nicht?

Günther. Liebes Fräulein,
Laßt den Mut nicht ganz entweichen!
Alle diese trüben Zeichen
Sind ja doch nur Wetterwolken,
Die des Sturmes Nahn verkünden:
Doch nicht alle Donner zünden,
Und des Blitzes glühnder Brand
Liegt in Gottes Vaterhand.

Berta. Du hast recht. – In Gottes Hand!
Du hast recht! – Ja ich will beten!
Er wird Hilf' und Trost verleihn;
Er kann schlagen, er kann retten,
Er kann strafen und verzeihn! *(Am Sessel niederknieend.)*

G ü n t h e r *(ans Fenster tretend).*
Es erhellet sich die Gegend,
Fackeln streifen durch das Feld.
Man verfolgt den Rest der Räuber,
Der sich hier verborgen hält.

B e r t a *(knieend).*
Heil'ge Mutter aller Gnaden,
Laß mich dir mein Herz entladen,
Aus mich schütten meinen Schmerz;
Mild, mit weichem Finger streife
Von der Brust den Kummer, träufe
Balsam in dies wunde Herz!

G ü n t h e r. Rund herum im Kreis sie stehen,
Jeder Ausweg ist verstellt.
Da mag keiner wohl entgehen,
Wie er sich verborgen hält.

B e r t a *(in steigender Angst).*
Hüll ihn ein in deinen Schleier
Den Geliebten, mir so teuer,
Er ist ja zurückgekehrt!
Wollest gnädig ihn bewahren!
Führ ihn durch der Späher Scharen,
Führ ihn durch der Feinde Schwert!

G ü n t h e r. Wär' doch Euer Vater hier.
Daß es ihn hinausgetrieben!
Wär' er doch bei uns geblieben,
Wenn – mit Schaudern denk ich's mir!

B e r t a. Schau herab vom Sternensitze,
Und auch ihn, auch ihn beschütze,
Dem man schon so viel geraubt;
Was den Teuern, Lieben dräuet,
Sei auf dieses Haupt gestreuet,
Sei gelegt auf dieses Haupt!

G ü n t h e r. Jetzt scheint etwas aufgespürt!
Alles eilt der Mauer zu.
Setzt er sich auch noch zur Wehr,
Der entkömmt wohl nimmermehr.

B e r t a *(in höchster Angst, fast schreiend).*
Wend es ab! – Ach, wende! wende!
Hier erheb ich meine Hände.
Oder ende! – ende! – ende!

(Pause. – Beide horchen mit der gespanntesten Aufmerksamkeit. Berta richtet sich langsam auf.)

G ü n t h e r. Horch! – Ein Schrei!
B e r t a. Ein Schrei!
G ü n t h e r. Wieder Stille.
B e r t a. Wieder Stille –
G ü n t h e r. Himmel! War das nicht die Stimme?
B e r t a. Wessen Stimme?
G ü n t h e r. Fort Gedanke!
Das zu denken wär' schon Tod!
B e r t a. Wessen Stimme?
G ü n t h e r. Ei nicht doch!
Alle stehen sie versammelt
Rings um einen Gegenstand,
Der, so scheint's, am Boden liegt.
B e r t a. Liegt? Am Boden liegt?
G ü n t h e r. Ich kann
Nicht hinvor bis dahin blicken,
Denn des Hauses scharfer Vorsprung
Hemmt die Aussicht nach der Seite.
Doch dünkt mich an jener Linde,
Die das Fenster dort beschattet –
B e r t a. An der Linde?
G ü n t h e r. Ja, so dünkt mich.
B e r t a. An der Linde? – Liegt am Boden?
G ü n t h e r. Wie ich sagte. Also scheint's.
B e r t a. Gott, mein Jaromir!
G ü n t h e r. Ei Fräulein,
Der schläft ruhig in der Kammer.
B e r t a. Schläft? Ach schläft um nie zu wachen!
G ü n t h e r.
Horch, man kömmt. – Da laßt uns fragen
Was sich unten zugetragen.

(Hauptmann kommt.)

H a u p t m a n n *(eintretend).*
Heda! Betten! Tücher! Betten!
G ü n t h e r. Ach sagt an doch, edler Herr!
B e r t a *(steht bewegungslos).*
H a u p t m a n n. Ihr auch hier, mein holdes Fräulein?
Darauf war ich nicht bereitet.
Hilfe wollt' ich hier begehren,

Nicht des Unglücks Bote sein.
Euer Vater ist –
Berta *(schnell)*. Und Er?
Hauptmann. Wer, mein Fräulein?
Berta. Und – die Räuber?
Hauptmann. Noch ist es uns nicht gelungen.
Ach und Euer Vater –
Berta. Nicht? –
Nun habt Dank für Eure Botschaft!
Hauptmann. Botschaft? Welche Botschaft?
Berta. Daß –
Ich erwarte wollt' ich sagen,
Ich erwarte Eure Botschaft.
Hauptmann. Hört sie denn mit wenig Worten. –
Euer Vater ist verwundet.
Berta. Ist verwundet? Wie, mein Vater?
O ich will ihn pflegen, warten,
Sorglich heilen seine Wunden,
Und er soll gar bald gesunden
An der Tochter frommen Brust.
Hauptmann. Nun mich freut's, daß meine Botschaft,
Euch gefaßter, mut'ger trifft,
Als ich fürchtete und – hoffte.
Günther. Also war's doch *seine* Stimme!
Ich will allsogleich hinaus –
Hauptmann. Bleib! Bereite lieber alles,
Denn man bringt ihn schon hierher.
Hart traf ihn der Stoß des Räubers –
Berta. Ha! – des Räubers?
Hauptmann. Wohl, des Räubers;
Wessen sonst? Doch ja, Ihr wißt nicht. –
Wir durchstreiften rings die Gegend,
Euern Vater in der Mitte,
Denn trotz meiner warmen Bitte,
Blieb er, tief die Kränkung fühlend,
Die ich schuldlos ihm gebracht,
Helfend, leitend unter uns –
Horch! Da rauscht's durch die Gebüsche,
Und die Wachen rufen's an.
Keine Antwort. Meine Leute
Froh ob der gefundnen Beute

Stürzen jubelnd drauf und dran.
Und nach einem jener Gänge
Die in wildverworrner Menge,
Halb verfallen, weit umhin
Dieses Schlosses Wall umziehn,
Sahn wir einen Schatten fliehn.
Euer Vater stand der Nächste,
Und mit vorgehaltnem Degen
Stürzt er jugendlich verwegen,
Nach dem Räuber in den Gang.
Da ertönt ein matter Schrei.
Eilig stürzen wir herbei.
Euer Vater liegt am Boden,
Ohne Leben, ohne Odem,
Seiner selbst sich nicht bewußt,
Einen Dolch in seiner Brust.

Berta. Einen Dolch?

Hauptmann. Ja, liebes Fräulein!

Berta. Einen Dolch?

Hauptmann. Ja, einen Dolch.

Berta. Fort! hinaus! hinaus! hinaus!

Hauptmann *(sie zurückhaltend).*
Bleibt doch, liebes Fräulein, bleibt doch!
Seht man bringt ihn. –

(Soldaten und Diener bringen den Grafen auf einer Tragbahre, die sie in der Mitte der Bühne niedersetzen.)

Berta. Gott! Mein Vater!
Laßt mich! Laßt mich!

Hauptmann. Ruhig, Fräulein!
Denn Ihr tötet Euch und ihn!
Ruhig!

Berta. Ruhig? – Laßt mich! Laßt mich!
(Sich losreißend und an der Bahre niederstürzend.)
Vater! Vater! O mein Vater!

Graf *(in Absätzen).*
Ah bist du es, meine Berta?
Gutes Mädchen, armes Kind,
Armes, armes, armes Kind!

Berta. Vater, mir nicht diese Güte,
Vater, mir nicht diese Huld,
Sie vergrößert meine Schuld!

Graf. Wenn in jenem Augenblicke
Bei der Fackeln fernem Licht
Mich getäuscht mein Auge nicht,
Wenn er's war, er den ich meine –
Armes, armes Kind, dann weine
Um dich selber, nicht um mich! –
Wo ist Jaromir?
Berta *(bebend, leise).* Ich weiß nicht.
Graf. Wo ist Jaromir, mein Kind?
Berta *(ihr Gesicht in die Kissen verbergend).*
Vater! Vater!
Graf. Nun, es sei!
Fahre wohl denn, fahre wohl
Meine letzte, einz'ge Hoffnung!
Wohl, die Sonne ist hinunter,
Ausgeglimmt der letzte Schein,
Dunkle Nacht bricht rings herein.
Es ist Schlafens-, Schlafenszeit! –
Gutes Mädchen, armes Kind,
Klage, dulde, leide, stirb!
Dir kann nimmer Segen werden,
Für dich gibt's kein Glück auf Erden,
Bist du ja doch meine Tochter,
Bist doch eine Borotin.
Günther. Haltet ein, mein gnäd'ger Herr!
Eure matte, wunde Brust
Leidet unter Eurem Sprechen.
Graf. Laß mich, treuer Diener, laß mich
Noch einmal, am Rand des Grabes,
Diesem wüsten, wirren Leben,
Wüst und rauh und dennoch schön,
Noch einmal ins Auge sehn.
Seine Freuden, seine Leiden
Mich zum letzten, letzten Abschied,
Noch einmal als Mensch mich fühlend,
Drücken an die Menschenbrust.
Noch zum letzten Male schlürfen
Aus dem bittersüßen Becher –
Und dann Schicksal nimm ihn hin!
Berta. Vater, nein! Nicht sterben! – Nein!
Nein, Ihr dürft nicht, dürft nicht sterben!

Seht, ich klammre mich an Euch
Seht, Ihr dürft, Ihr könnt nicht sterben!

Graf. Willst du mit den Kinderhänden
In des Schicksals Speichen greifen?
Seines Donnerwagens Lauf
Hält kein sterblich Wesen auf.

(Ein Soldat kömmt.)

Soldat *(zum Hauptmann).*
Eben hat man einen Räuber,
Der im Schilfe lag verborgen
Von dem nahgelegnen Weiher,
Edler Herr, hier eingebracht.

Graf. Einen Räuber?

Berta. Güt'ger Gott!

Graf. Jüngling noch? Von schlankem Wuchse?

Soldat. Nein, Herr Graf, beinah schon Greis.
Er verlangt mit Euch zu sprechen.
Wicht'ges hab' er zu verkünden,
Wichtiges für ihn und Euch.

Hauptmann. Mag der Bösewicht es wagen
Dieses Mannes letzte Stunden –

Graf. Laßt ihn kommen, lieber Herr!
Hat er sich gen mich vergangen,
Will ich sterbend ihm verzeihn,
Oder ward vielleicht von mir
Ihm Beleid'gung oder Unbild,
Soll ich aus dem Leben scheiden
Mit des Armen Fluch beschwert?

Hauptmann. Wohl, er komme!

(Soldat ab.)

Günther. Gnäd'ger Herr,
Unbequem ist dieses Lager.
Ihr erlaubt es wohl, wir tragen
Euch in Euer Schlafgemach.

Graf. Nein, nicht doch! Hier will ich bleiben,
Hier in dieser heil'gen Halle:
Die des Knaben muntre Spiele,
Die des Jünglings bunte Träume,
Die des Mannes Taten sah,
Soll auch sehn des Greises Ende.
Hier, wo meiner Ahnen Geister

Mich mit leisem Flug umschweben,
Hier, wo von den hohen Wänden
Eine lange, würd'ge Reihe,
Die noch jetzt der Ruhm erhebt,
Niederschaut auf ihren Erben,
Wo die Väter einst gelebt,
Soll der letzte Enkel sterben!

(Boleslav tritt ein, von Wachen geführt.)

B o l e s l a v *(sich auf die Kniee niederwerfend).*
Gnäd'ger Herr, ach habt Erbarmen!
Laßt mich Gnade, Gnade finden,
Sprecht für mich ein mächtig Wort!
Und zum Lohne will ich dann
Eine Kunde Euch erteilen,
Die schnell Euer Siechtum heilen,
Euch mit Lust erfüllen soll.

G r a f. Gibt's für mich gleich keine Kunde,
Die so mächtig wie du sprichst,
Doch versprech ich dir zur Stunde,
Hier in meines Freundes Geist,
Wenn's zum Guten was du weißt
Sollst du gnäd'ge Richter finden,
Gnädig auch bei schweren Sünden.

B o l e s l a v. Wohl so hört, ach, und verzeiht!
Einst, jetzt sind's wohl zwanzig Jahre,
Ging ich eines Sommerabends,
Damals schon auf schlimmen Wegen,
Hier an Euerm Schloß vorbei.
Wie ich lauernd ringsum spähe,
Da gewahr ich an dem Weiher,
Der an Eure Mauern stößt,
Einen schönen, holden Knaben,
Kaum drei Jahre mocht' er haben;
Der warf spielend Stein auf Stein
In die klare Flut hinein.

G ü n t h e r. Güt'ger Gott!

G r a f. Was werd ich hören!

B o l e s l a v. Schön und köstlich war sein Kleid,
Und um seinen weißen Nacken
Hing ein funkelndes Geschmeid.
Mich gelüstet nach der Beute.

Ringsum schau ich, nirgends Leute,
Ich und er nur ganz allein.
Ich versuch's ihn anzulocken,
Abzulocken ihn vom Schlosse,
Zeig ihm Blumen, zeig ihm Früchte,
Und der Knabe froh und heiter
Folgt mir weiter, immer weiter
Bei des Abends Dämmerschein
In den düstern Wald hinein.
G r a f. Ach es war, es war mein Sohn!
G ü n t h e r. Und wir glaubten ihn ertrunken,
In des Weihers Schlamm versunken,
Weil sein Hut im Wasser schwamm!
G r a f. Jubelst du in toller Lust,
Glaubst du, daß in Räubers Brust
Menschlichkeit und Mitleid wohnet?
Glaubst du, daß er ihn verschonet?
B o l e s l a v. Ja ich habe ihn verschont!
Morden wollten ihn die Brüder,
Daß nicht durch des Knaben Mund
Unsre Wege würden kund,
Doch ich setzte mich dawider.
Und als die Gefährten schwören,
Nimmer soll' er wiederkehren
Aus des Waldes Nacht heraus
In der Eltern heimisch Haus,
Da, Herr, dau'rte mich der Kleine,
Da ward Euer Sohn der meine.
Bald vergaß er Euch und sich,
Und er ehrt als Vater mich.
G r a f. Gott! Mein Sohn! – Er lebt! er lebt!
Aber wie? – Ha, unter Räubern!
Ist wohl gar? – Weh ist –
B o l e s l a v *(mit gesenkten Augen).* Was ich!
G r a f. Räuber? – Gott, er sagt nicht: Nein!
Schweigt erstarrt und sagt nicht: Nein!
Ha mein Sohn ein Räuber, Räuber!
Hätt' ihn doch dein schwarzer Mund
Tückisch Wassergrab verschlungen,
Besser, schien's mir gleich so hart,
Wär' sein Name nie erklungen,

Als mit Räuber jetzt gepaart.
Aber ach, was fluch ich ihm?
Gott, hab Dank für diesen Strahl!
Räuber! War's denn seine Wahl?
Bring ihn, Guter, bring ihn mir,
Auch für den Räuber dank ich dir!

Boleslav. Er ist hier in Euerm Schlosse!

Graf. Hier? –

Boleslav. Ja, Herr, Euch unbekannt.
Jener Fremde der heut abend
Matt und bleich um Zuflucht bat –

Berta. Jaromir?

Boleslav. Derselbe, ja!

Graf. Teufel! Schadenfroher Teufel!
Nimm's zurück das Donnerwort,
Nimm's zurück!

Boleslav. Er ist's, mein Herr!

Graf. Widerruf!

Boleslav. Ich kann nicht, Herr!

Graf *(sich mit höchster Anstrengung aller Kräfte vom Lager aufrichtend).*
Widerruf!

Hauptmann *(besänftigend zum Grafen).*
Herr Graf!
(Auf Boleslav zeigend.) Fort mit ihm!

Boleslav. Mein Herr Ritter!

Hauptmann. Fort mit ihm!

(Boleslav wird abgeführt.)

Graf. Er geht fort, und sagt nicht: Nein!
So begrabt mich denn ihr Mauern,
Und Verwüstung brich herein,
Stürzet ein ihr festen Säulen,
Die der Erde Ball getragen,
Denn den Vater hat sein Sohn erschlagen!

(Zurücksinkend.)

Berta *(aufs Lager hinstürzend).*
Todespforte tu dich auf!

(– Pause. – Alle stehen in stummen Entsetzen.)

Graf. Wie hab ich so oft geklagt,
Daß ein Sohn mir ward versagt,
Kampfgerecht und lehenbar,

Wie der Väter hohe Schar.
Seht des Schicksals gift'gen Hohn!
Seht, ich *habe* einen Sohn,
Es erhielt ihn mild am Leben,
Mir den Todesstreich zu geben!
Wenn mein Aug' sich tränend netzte,
War die Klage ohne Not,
Väter, ich bin nicht der Letzte!
Noch lebt einer! – am Schafott! – –
–Was liegt dort zu meinen Füßen
Und blinkt mich so blutig an?

Günther *(den Dolch aufhebend und hinhaltend).*
's ist der Dolch, der Euch verwundet!

Graf. Dieser war es? Dieser Dolch?
Ja du bist es, blutig Eisen,
Ja du bist's, du bist dasselbe,
Das des Ahnherrn blinde Wut
Tauchte in der Gattin Blut.
Ich seh dich, und es wird helle,
Hell vor meinem trüben Blick.
Seht ihr mich verwundert an?
Das hat nicht mein Sohn getan!
Tiefverhüllte, finstre Mächte
Lenkten seine schwanke Rechte!
(Günthern anfassend.)
Wie war, Alter, deine Sage,
Von der Ahnfrau früher Schuld,
Von dem sündigen Geschlecht,
Das in Sünden ward geboren
Um in Sünden zu vergehn!
Seht ihr jenen blut'gen Punkt
Aus der grauen Väterwelt,
Glühendhell herüberblinken?
Seht, vom Vater zu dem Sohne
Und vom Enkel hin zum Enkel
Rollt er wachsend, wallend fort,
Und zuletzt zum Strom geschwollen,
Hin durch wildgesprengte Dämme,
Über Felder, über Fluren,
Menschendaseins, Menschenglücks
Leichtdahingeschwemmte Spuren,

Wälzt er seine Fluten her,
Uferlos, ein wildes Meer.
Ha, es steigt, es schwillt heran,
Des Gebäudes Fugen krachen,
Sinkend schwankt die Decke droben
Und ich fühle mich gehoben!
Tiefverhüllte Warnerin,
Sünd'ge Mutter sünd'ger Kinder,
Trittst du dräuend hin vor mich?
Triumphiere! Freue dich!
Bald, bald ist dein Stamm vernichtet;
Ist mein Sohn doch schon gerichtet!
Nimm denn auch dies Leben hin,
Es stirbt der letzte Borotin! *(Sinkt sterbend zurück.)*

G ü n t h e r. Gott! Es sprengen die Verbande!
Weh, er stirbt!
(Über ihn gebeugt, die Hand auf seine Brust gelegt, nach einer Pause.)
Er ist nicht mehr! –
Kalt und bleich sind diese Wangen,
Diese Brust hat ausgebebt.
Qualvoll ist er heimgegangen,
Qualvoll, so wie er gelebt.
Fahr denn wohl, du reine Seele,
Ach und deine Tugenden
Tragen dich wie lichte Engel,
Von der Erde Leiden los
In des Allerbarmers Schoß.
Schlummre bis zum Morgenrot,
Guter Herr, und was dies Leben,
Karg und hart, dir nicht gegeben,
Gebe freundlich dir der Tod!

(Er sinkt betend auf die Kniee nieder. Der Hauptmann und alle Umstehenden entblößen die Häupter. Feierliche Stille.)

H a u p t m a n n. So, ihm ward der Andacht Zoll!
Und jetzt Freunde, auf, zu rächen
Das entsetzliche Verbrechen
Auf des blut'gen Mörders Haupt!

G ü n t h e r. Wie, Ihr wolltet?

H a u p t m a n n. Fort, mir nach!

(Ab mit seinen Leuten.)

G ü n t h e r. Güt'ger Himmel! Haltet ein!
Hört Ihr nicht? Es ist sein Sohn!
Meines Herren einz'ger Sohn!
Fräulein Berta! – Hört doch, hört!
(Dem Hauptmanne nach.)

B e r t a *(sich aufrichtend).*
Rief man mir? – Nu, Berta rief es,
Ei, und Berta ist mein Name. –
Aber nein, ich bin allein!
(Vom Boden aufstehend.)
Stille, still! Hier liegt mein Vater,
Liegt so sanft und regt sich nicht.
Stille! Stille! Stille! Stille!
  Wie so schwer ist dieser Kopf,
Meine Augen trübe, trübe!
Ach ich weiß wohl, manche Dinge,
Manche Dinge sind geschehn,
Noch vor kurzem erst geschehn;
Sinnend denk ich drüber nach;
Aber ach, ein lichter Punkt,
Der hier an der Stirne brennt,
Der verschlingt die wirren Bilder!
  Halt! Halt! Sagten sie denn nicht,
Nicht, mein Vater sei ein Räuber?
Nicht mein Vater, nicht mein Vater!
Jaromir, so hieß der Räuber!
Der stahl eines Mädchens Herz
Aus dem tiefverschloßnen Busen,
Ach, und statt des warmen Herzens
Legte er in ihren Busen
Einen kalten Skorpion,
Der nun grimmig, wütend nagt
Und zu Tod' das Mädchen plagt.
Und ein Sohn erschlug den Vater –
(freudig.)
Und mein Bruder kam zurück,
Mein ertrunkner, toter Bruder!
Und der Bruder – Halt! – Hinunter!
Nur hinunter, da hinunter!
Fort in euren schwarzen Käfich!
(Die Hand krampfig aufs Herz gepreßt.)

Nage, nage, gift'ges Tier,
Nage, aber schweige mir!
(Ein Licht vom Tische nehmend.)
Ei, ich will nur schlafen gehn,
Schlafen, schlafen, schlafen gehn.
Lieblich sind des Schlafes Träume,
Nur das Wachen träumt so schwer!
(Ihre umherschweifenden Blicke auf den Tisch heftend.)
Was blinkt dort vom Tisch mich an?
O ich kenn dich, schönes Fläschchen!
Gab mir's nicht mein Bräutigam?
Gab zum Brautgeschenke mir's.
Sprach er nicht als er mir's gab,
Daß in dieser kleinen Wiege
Schlummernd drin der Schlummer liege?
Ach der Schlummer! Ja, der Schlummer!
Laß an deinem Rand mich nippen,
Kühlen diese heißen Lippen,
Aber leise – leise – leise. –
(Sie geht auf den Zehenspitzen, mit jedem Schritte mehr wankend auf den Tisch zu. Eh' sie ihn noch erreicht, sinkt sie zu Boden.)

Ende des vierten Aufzuges

FÜNFTER AUFZUG

Schloßzwinger. Von allen Seiten halbverfallene Werke. Links an einer Wand des Vorgrundes ein Fenster in der Mauer. Im Hintergrunde ein Teil des Wohngebäudes mit der Schloßkapelle.

Jaromir *(kommt durch die Nacht).*
So, – Hier ist der Ort, das Fenster!
Hier in diesen wüsten Mauern
Will ich tiefverborgen lauern,
Bis des Glückes Stunde schlägt.

(Auf und ab gehend.)
Fort, ihr marternden Gedanken,
Schlingt nicht eure dunkeln Ranken
In dies weichliche Gefühl!
Pfui! Der nie dem Tod gezittert,
Fest und mutig, den erschüttert
Loser Bilder leichtes Spiel! –
Ha, und wenn ich ihn erschlug,
Ihn der mich erschlagen wollte,
Was ist's, daß ich zittern sollte?
Hat die Tat nicht Grund genug?
Hab ich ihm den Tod gegeben,
War's in ehrlichem Gefecht,
Ei, und Leben ja um Leben,
Spricht die Sitte, spricht das Recht!
Wer ist's, der darob errötet,
Daß er seinen *Feind* getötet,
Was ist's mehr? – Drum fort mit euch,
War ich sonst doch nicht so weich! –
Und wenn's recht, was ich getan,
Warum faßt mich Schauder an?
Warum brennt es hier so heiß,
Warum wird mein Blut zu Eis?
Warum schien's, als ich es tat,
In dem schwarzen Augenblicke,
Teufel zögen mich zur Tat,
Gottes Engel mich zurücke!
Als ich fliehend in den Gang,
Der Verfolger nach mir sprang,
Schon sein Atem mir im Nacken,
Jetzt mich seine Hände packen,
Da rief's warnend tief in mir,
Deine Waffen wirf von dir
Und dich hin zu seinen Füßen,
Süß ist's durch den Tod zu büßen!
Aber rasch, mit neuer Glut
Flammt empor die Räuberwut
Und ruft ungestüm nach Blut.
Vor den Augen seh ich's flirren,
Hör es um die Ohren schwirren,
Geister, bleich wie Mondenglanz,

Wirbeln sich im Ringeltanz,
Und der Dolch in meiner Hand
Glühet wie ein Höllenbrand!
Rette, ruft es, rette dich!
Und blind stoß ich hinter mich.
Ha es traf. Ein wimmernd Ach
Folgt dem raschen Stoße nach,
Mit bekannter, süßer Stimme,
Mit erstorbner Klagestimme.
Bebend hör ich sie erschallen.
Da faßt ungeheure Angst
Mich mit kalten Eises-Krallen.
Wahnsinn zuckt mir durchs Gehirn.
Bebend such ich zu entweichen
Mit dem blut'gen Kains-Zeichen
Flammend auf der Mörderstirn.
  All mein Ringen, all mein Treiben
Kann den Ton nicht übertäuben,
Immer dröhnt mir dumpf und bang
In das Ohr sein hohler Klang;
Und mag ich mir's immer sagen:
Deinen *Feind* hast du erschlagen;
Ruft der Hölle gift'ger Hohn:
Das war keines Feindes Ton! –
  Doch wer naht dort durch die Trümmer,
Eilig schreitend auf mich zu?
Tor! Den Rückweg findst du nimmer,
Ich muß fallen, oder du.
Denn wenn *einmal* nur der Tiger
Erst gesättigt seine Wut,
Bleibt die Gierde ewig Sieger
Und sein Innres schreit nach Blut. *(Er zieht sich zurück.)*

(Boleslav kommt.)

Boleslav. Gott sei Dank! Es ist gelungen,
Ledig bin ich meiner Haft,
Doch von Mauern noch umrungen
Und schon schwindet meine Kraft.
Daß ich ihn doch finden könnte,
Ihn, den Teuern, den ich suche,
Meinen, seinen, unsern Sohn.
Werf ich mich mit Jaromir

Zu des mächt'gen Vaters Füßen,
O dann muß der Richter schonen,
Trifft desselben Schwertes Streich,
Doch den Sohn mit mir zugleich.

Jaromir *(hervortretend).*
Das ist meines Vaters Stimme!

Boleslav. Jaromir! – du bist's?

Jaromir. Ich bin's.

Boleslav. Sei gesegnet!

Jaromir. Großen Dank!
Ei, behaltet Euren Segen,
Räubers Segen ist wohl Fluch.
Und woher des Wegs, mein Vater?
Welcher Dietrich, welche Leiter
Führt Euch in des Sohnes Arm?

Boleslav. Ach, ich war in Feindeshänden.
An dem Weiher dort gefangen,
Ward ich in das Schloß gebracht.
Doch benützend die Verwirrung,
Die des Grafen jähe Krankheit
Unter seine Diener streute,
Sucht' ich Rettung, und entsprang.

Jaromir. Und entsprangt? Ihr seid mein Mann!
Seht, so hab ich auch getan;
Denn uns blüht kein Glück, uns beiden,
Unter unbescholtnen Leuten,
In des Waldes Nacht und Graus,
Fühlt ein Räuber sich zu Haus.
Recht mein Vater! Wackrer Vater!
Würdig eines solchen Sohns.

Boleslav. Solchen Sohns? – Er weiß noch nicht! –
Jaromir, du nennst mich Vater!

Jaromir. Soll ich nicht? – Wohl, tauschen wir!
Nehmt den Vater Ihr zurück,
Doch erlaßt mir auch den Sohn!

Boleslav. Wozu mag noch Schweigen frommen,
Ist die Stunde doch gekommen,
Wo die Hülle fallen muß.
Nun wohlan denn, so erfahre
Das Geheimnis langer Jahre:
Wer dir gab des Lebens Licht.

Laß den Dank nur immer walten,
Denn ich habe dir's erhalten,
Wenn auch gleich gegeben nicht.
J a r o m i r. Ha! – Wenn gleich gegeben nicht?
Nicht gegeben? Nicht gegeben?
B o l e s l a v. Nein, mein Sohn, nicht mehr mein Sohn.
J a r o m i r. Nicht dein Sohn? – Ich nicht der Sohn
Jenes Räubers Boleslav?
Alter Mann, ich nicht dein Sohn?
Laß mich's denken, laß mich's fassen,
O es faßt, es denkt sich schön!
Ich gehörte mit zum Bunde,
Den verzweifelnd ich gesucht,
Und Gott hätte in der Stunde
Der Geburt mir nicht geflucht?
Meinen Namen nicht geschrieben
Ein in der Verwerfung Buch,
Dürfte hoffen, dürfte lieben
Und mein Beten ist kein Fluch?
(Boleslav hart anfassend.)
Ungeheuer! Ungeheuer!
Und du konntest mir's verhehlen,
Sahst mich gift'ge Martern quälen,
Sahst des Innern blut'gen Krieg,
Ha, und deine Lippe schwieg!
Schlichst dich kirchenräuberisch
In des reinen Kinderbusens
Unentweihtes Heiligtum;
Stahlst des teuren Vaters Bild
Von der gottgeweihten Schwelle,
Setztest *deines* an die Stelle!
Ungeheuer! Ungeheuer!
Wenn ich im Gebete kniete,
Und des Dankes Gegenstand,
Der, mir selber unbekannt,
In dem heißen Herzen brannte,
Lebensschenker, Vater nannte,
Segen auf ihn niederflehte,
Schlichst du dich in die Gebete,
Eignetest dir, Mörder, du,
Meiner Lippen Segen zu!

Sprich's noch *einmal*, sprich es aus,
Daß du dir den Vaternamen
Wie ein feiger Dieb gestohlen,
Mörder! Daß ich nicht dein Sohn!

Boleslav. Ach mein Sohn –

Jaromir. Sprich es nicht aus!
Deine Zunge töne Mord,
Aber nicht dies heil'ge Wort! –
Nicht dein Sohn! Ich nicht dein Sohn!
Habe Dank für diese Nachricht!
Mörder! Darum haßt' ich dich,
Seit ich Gottes Namen nenne,
Seit ich Gut und Böses kenne.
Darum bohrten deine Blicke
Sich wie Meuchelmörder-Dolche
In des Knaben warme Brust,
Darum faßt' ihn kalter Schauder,
Wenn du mit den blut'gen Händen
Seine vollen Wangen strichst,
Dich zu ihm herunter neigtest,
Auf erschlagne Leichen zeigtest,
Und dein Mund mit Lächeln sprach:
Werd ein Mann, und tu mir nach!
Und ich Tor, ich blinder Tor,
Ich verstand des eignen Innern
Tief geheime Warnung nicht,
Rang mit meinem weichen Herzen,
Rang in fruchtlos blut'gem Ringen
Um ihm Liebe abzudringen
Für des Mannes greises Haar,
Der der Unschuld Henker war.
Bösewicht, gib mir zurück,
Was mir die Geburt beschieden,
Meiner Seele goldnen Frieden,
Meines Daseins ganzes Glück,
Meine Unschuld mir zurück!

Boleslav. Gott im Himmel! Höre doch!

Jaromir. Und wo ist, wer ist mein Vater?
Führ mich hin zu seinen Füßen.
Laß ihn einen Landmann sein,
Der mit seiner Stirne Schweiß

Seiner Väter Erbe dünget.
Hin zu ihm! An seiner Seite,
Will ich gern, ein Landmann nur,
Mit der sparsamen Natur
Ringen um die karge Beute,
Legen meiner Tränen Saat
Mit dem Samen in die Erde,
Froh wenn mir die Hoffnung naht,
Daß noch beides grünen werde.
Laß ihn einen Bettler sein;
Ich will leiten seine Schritte,
Teilen seine dürft'ge Hütte,
Teilen seine Angst und Not,
Teilen sein erbettelt Brot;
Will, wenn späte Sterne blinken,
Auf den nackten Boden sinken,
Und mich reich und selig dünken,
Reicher als kein König ist,
Wenn der Schlaf mein Auge schließt.
Sprich wo ist er? Führ mich hin!

Boleslav.
Nun wohlan, so folge mir!
Nicht ein niedrig dunkler Landmann
Nicht ein Sklav' in Bettlertracht,
Nein, ein Mann von Rang und Macht,
Den des Landes Höchste kennen
Und den Fürsten Bruder nennen,
Dem der Ersten Haupt sich beugt,
Jaromir, hat dich gezeugt.
Heiß den düstern Mißmut fliehn,
Denn dein Los ist nicht so herbe,
Stolz sieh auf den Boden hin,
Du trittst deiner Väter Erbe,
Bist ein Graf von Borotin!

Jaromir *(zusammenfahrend)*. Ha! –

Boleslav. Deiner Kindheit erstes Lallen
Hörten dieses Schlosses Hallen,
Hier hast du das Licht erblickt,
Und bei des Besitzers Küssen
Hast du ohne es zu wissen
Vaters Brust ans Herz gedrückt.

Jaromir *(schreiend).*
Nein!
Boleslav. Es ist so wie ich sagte!
Komm mit mir hinauf zu ihm.
Des Gesetzes rauhe Stimme,
Hart und fürchterlich dem Räuber,
Mildert seinen strengen Ton
Gegen jenes Mächt'gen Sohn!
Komm mit mir, weil es noch Zeit.
Hart verletzt liegt er darnieder
Und wer weiß, ersteht er wieder,
Denn nur jetzt, in dieser Nacht,
In des Schlosses düstern Gängen,
Unsrer Brüder Spur verfolgend
Traf ihn eines Flücht'gen Dolch.
Jaromir. Teufel! Schadenfroher Teufel!
Tötest du mit *einem* Wort?
Glaubst du, weil ich keine Waffen?
Die Natur, die halb nichts tut,
Gab mir Krallen, gab mir Zähne,
Gab zu der Hyäne *Wut*
Mir auch *Waffen* der Hyäne!
Natter, laß mich dich zertreten,
Senden dich ins Heimatland!
Können deine Worte töten,
Besser kann's noch diese Hand!
(Auf ihn losgehend.)
Boleslav. Er ist rasend! Rettung! Hilfe!
(Fliehend ab.)
Jaromir. Wär' es wahr? Ha wär' es wahr,
Was des Untiers Mund gesprochen?
Und wovon schon der Gedanke,
Nur das Bild der Möglichkeit,
Meine raschen Pulse stocken,
Mir das Mark gerinnen macht.
Wär' es Wahrheit? – Ja, es ist!
Ja, es ist! es ist! es ist!
Ja! tönt's durch die dumpfen Sinne,
Ja! heult's aus dem finstern Innern
Und die schwarzen Schreckgestalten,
Die vor meiner Stirne schweben,

Neigend ihre blut'gen Häupter,
Winken mir ein gräßlich, Ja!
Ha und jener Klageton,
Der erscholl in blut'ger Stunde
Aus des Hingesunknen Munde,
Er ist meinem Ohre nah
Und seufzt wimmernd, sterbend: Ja!
Er mein Vater, er mein Vater!
Ich sein Sohn, sein Sohn und – Ha!
Wer spricht hier? Wer sprach es aus?
Aus das Wort, das selbst ein Mörder,
In des Herzens tiefste Falten
Bleich und bebend sich verbirgt.
Wer sprach's aus? Sein Sohn und Mörder!
Ha, sein Sohn, sein Sohn und Mörder!
(Die Hände vors Gesicht schlagend.)
Was die Erde Schönes kennet,
Was sie hold und lieblich nennet,
Was sie hoch und heilig glaubt,
Reicht nicht an des Vaters Haupt.
Balsam strömt von seinen Lippen
Und auf wem sein Segen ruht,
Der schifft durch des Lebens Klippen
Lächelnd ob der Stürme Wut.
Doch wer in der Sinne Toben,
Gottesräuberisch, verrucht,
Gegen ihn die Hand erhoben
Ist verworfen und verflucht.
Ja, ich hör mit blut'gem Beben
Wie der ew'ge Richter spricht:
Allen Sündern wird vergeben,
Nur dem Vatermörder nicht!
Sprenge deine starken Fesseln
Gift'ges Laster, komm hervor
Aus der Hölle offnem Tor.
Laß sie los die schwarzen Scharen,
Die so lang gebunden waren.
Hinterlist mit Netz und Stricken,
Lüge mit dem falschen Wort,
Neid, du mit den hohlen Blicken,
Mit dem blut'gen Dolche Mord!

Meineid mit dem gift'gen Mund,
Gotteslästrung, toller Hund,
Der die Zähne grimmig bleckt
Gegen den, der ihn gepflegt.
Brecht hervor, durchstreift die Welt
Und verübt was euch gefällt.
Was ihr auch getan, getrieben,
Ungestraft mögt ihr's verüben,
Euer Tun reicht nicht hinan,
Nicht an das, was ich getan!
Ha, getan! – Hab ich's getan?
Kann die Tat die Schuld beweisen,
Muß der Täter Mörder sein?
Weil die Hand, das blut'ge Eisen,
Ist drum das Verbrechen mein?
Ja ich tat's, fürwahr ich tat's!
Aber zwischen Stoß und Wunde,
Zwischen Mord und seinem Dolch,
Zwischen Handlung und Erfolg
Dehnt sich eine weite Kluft,
Die des Menschen grübelnd Sinnen,
Seiner Willensmacht Beginnen,
Alle seine Wissenschaft,
Seines Geistes ganze Kraft,
Seine brüstende Erfahrung,
Die nicht älter als *ein* Tag,
Auszufüllen nicht vermag.
Eine Kluft, in deren Schoß,
Tiefverhüllte, finstre Mächte
Würfeln mit dem schwarzen Los
Über kommende Geschlechte.
Ja, der Wille ist der meine,
Doch die Tat ist dem Geschick,
Wie ich ringe, wie ich weine,
Seinen Arm hält nichts zurück.
Wo ist der, der sagen dürfe:
So will ich's, so sei's gemacht!
Unsre Taten sind nur Würfe
In des Zufalls blinde Nacht.
Ob sie frommen, ob sie töten?
Wer weiß das in seinem Schlaf!

Meinen Wurf will ich vertreten,
Aber das nicht was er traf!
Dunkle Macht, und du kannst's wagen
Rufst mir Vatermörder zu?
Ich schlug den, der mich geschlagen,
Meinen Vater schlugest *du*! –
– Doch wer hält dies Bild mir vor?
Ha, wer flüstert mir ins Ohr?
Halt! Laß mich die Kunde teilen!
Wunden, sprichst du, Wunden heilen
Und Verwundete genesen.
Habe Dank du güt'ges Wesen,
Segensbote habe Dank!
Mit der Hoffnung auf sein Leben
Hast du meines mir gegeben,
Das verzweifelnd schon versank.
Ja, er wird, er muß gesunden,
Heilen müssen jene Wunden,
Die der Hölle gift'ger Trug,
Nicht der Sohn dem Vater schlug.
Ich will hin zu seinen Füßen,
Will die blut'gen Male küssen,
Und des Schmerzes heiße Glut
Kühlen mit der Tränen Flut.
Nein, in jenen düstern Fernen,
Waltet keine blinde Macht,
Über Sonnen, über Sternen
Ist ein Vateraug' das wacht;
Keine finstern Mächte raten
Blutig über unsern Taten,
Sie sind keines Zufalls Spiel,
Nein, ein Gott, ob wir's gleich leugnen,
Führt sie, wenn auch nicht zum eignen,
Immer doch zum guten Ziel.
Ja, er hat auch mich geleitet,
Wenn ich gleich die Hand nicht sah,
Der die Schmerzen mir bereitet,
Ist vielleicht in Wonne nah.

(Die Fenster der Schloßkapelle haben sich während dem erleuchtet, und sanfte, aber ernste Töne klingen jetzt herüber.)

Was ist das? – Habt Dank! Habt Dank!
Säuselt, säuselt, holde Töne,
Säuselt lieblich um mich her,
Sanft und weich, wie Silberschwäne
Über ein bewegtes Meer.
Schüttelt eure weichen Schwingen,
Träufelt Balsam auf dies Herz,
Laßt die Himmelslieder klingen,
Einzuschläfern meinen Schmerz.
Ja, ich kenne eure Stimme,
Ihr sollt laden mich zum Bund,
Der mich rief in Donners Grimme,
Ruft mich jetzt durch euren Mund.
Laßt ihr mich Verzeihung hoffen?
Ihr tönt fort und sagt nicht: Nein,
Seht die Pforten stehen offen,
Friedensboten ziehet ein!

(Die Töne nehmen nach und nach einen immer ernsteren Charakter an, und begleiten zuletzt folgende Worte:)

Chor *(von innen).*

Auf, ihr Brüder!
Senkt ihn nieder
In der Erde stillen Schoß,
In der Truhe
Finde Ruhe,
Die dein Leben nicht genoß.

Jaromir.

Ändert ihr so schnell das Antlitz
Unerklärte Geisterstimmen?
Habt so lieblich erst geschienen,
Zoget ein, wie Honigbienen,
Und jetzt kehrt ihr fürchterlich
Euren Stachel wider mich!
Das sind keine Friedensklänge,
Ha, so tönen Grabgesänge!
Dort in der Kapelle Licht –
Stille Herz! Weissage nicht!
Ich will sehen, sehen, sehen!
Sollt' ich drüber auch vergehen.

(Er klettert an verfallenem Gestein bis zum Kapellfenster empor.)

Gesang *(fährt fort).*

Hat nienieden
Auch den Frieden
Dir dein eigen Kind entwandt,
Dort, zum Lohne,
Statt dem Sohne
Reicht ein Vater dir die Hand.

Und den Blinden
Wird er finden
Wie er Abels Mörder fand,
Das Verbrechen
Wird er rächen
Mit des Richters schwerer Hand.

Jaromir *(wankend und bleich zurückkommend).*

Was war das? – Hab ich gesehn?
Ist es Wahrheit, Wahrheit, Wahrheit,
Oder spiegeln diese Augen
Nur des Innern dunkle Bilder
Statt der lichten Außenwelt?
Starr und dumpf in wüstem Graus
Lag das weite Gotteshaus,
Seine leichenblassen Wangen
Mit des Trauers Flor umhangen;
Am Altar des Heilands Bild
Abgewandt und tief verhüllt,
Als ob Dinge da geschehen,
Die's ihn schaudre anzusehen.
Und aus schwarzverhülltem Chor
Wanden Töne sich empor,
Die um Straf' und Rache baten
Über ungeheure Taten.
Und am öden Hochaltar,
Ringsum eine Dienerschar,
Lag, umstrahlt von dumpfen Kerzen,
Eine Wunde auf dem Herzen,
Weit geöffnet, blutig rot,
Lag mein Vater bleich und tot.
Wie, mein Vater? Mag ich's sagen?
Nein, lag der, den ich erschlagen,
Denn, was auch die Hölle spricht,

Nein, er war mein Vater nicht!
Bin ich ja doch nur ein Mensch,
Meine Taten, wenn gleich schwarz,
Sind ja doch nur Menschentaten,
Und ein Teufel würde beben,
Gält' es eines Vaters Leben.
Hab ich doch gehört, gelesen
Von der Stimme der Natur,
Wär' mein Vater es gewesen,
Warum schwieg sie damals nur?
Mußte sie nicht donnernd schreien,
Als der Dolch zum Stoß geneigt,
Halt! Dem deine Hände dräuen,
Mörder, der hat dich gezeugt!
Und wenn sie, sie die ich liebe,
Liebe? – Nein die ich begehre,
Wenn sie meine Schwester wäre,
Woher diese heiße Gier,
Die mich flammend treibt zu ihr?
Schwester? Schwester! Toller Wahn!
Zieht es so den Bruder an?
Wenn uns Hymens Fackeln blinken,
Wir uns in die Arme sinken,
In des Brautbetts Bindeglut,
Dann erst nenn ich sie mein Blut.
Mir wird Tag. Die Nebel schwinden,
Es erhellet sich die Nacht.
Was ich suchte will ich finden,
Was ich anfing sei vollbracht!
Glaubst du, Wünsche können retten,
Und entsühnen kann ein Wort?
Nie muß man den Weg betreten,
Wer ihn trat, der wandle fort.
Sie muß ich, ja sie besitzen,
Mag der Himmel Rache blitzen,
Mag die Hölle Flammen sprühn
Und mit Schrecken sie umziehn.
Wie der tolle Wahn sie heiße,
Weib und Gattin heißt sie hier
Und durch tausend Donner reiße
Ich die Teure her zu mir.

Hier der Ort und hier das Fenster!
Die Entscheidungsstunde naht
Und mahnt laut mich auf zur Tat.
(Im Hinaufsteigen.)
Schauderst Liebchen? Sei nicht bange!
Sieh, du harrest nicht mehr lange,
In des Heißgeliebten Arm
Ruht sich's selig, ruht sich's warm!
(Durchs Fenster hinein.)
(Hauptmann kommt mit Soldaten, die Boleslav führen.)

Hauptmann. Suche nicht mehr zu entrinnen,
Du hast Sorgfalt uns gelehrt!
Ruhig und nicht von der Stelle!
Aber wo ist dein Geselle?
Hier, sprachst du, verließest du ihn?

Boleslav. Ja, mein Herr!

Hauptmann. Er ist nicht hier!

Soldat. Herr, an jenem kleinen Fenster
Sah ich es von weitem blinken,
Und es wollte mich bedünken,
Daß ein Mensch in voller Hast
Durch die enge Öffnung steige.
Und ich wette, Herr, er war's;
In des Schlosses innern Gängen
Suchet er wohl Sicherheit.

Hauptmann.
Wohl, nicht mehr kann er entweichen,
Wo er sei, an jedem Ort
Soll die Rache ihn erreichen.
Und nun folgt mir! Eilig fort!
(Ab mit den Soldaten.)

Grabgewölbe.

Im Hintergrunde das hohe Grabmal der Ahnfrau mit passenden Sinnbildern. Rechts im Vorgrunde eine Erhöhung, mit schwarzem Tuch bedeckt.

Jaromir *(kommt).*
So! Hier bin ich! – Mutig! Mutig! –
Schauer weht von diesen Wänden,
Und die leisgesprochnen Worte

Kommen meinem Ohre wieder
Wie aus eines Fremden Mund. –
Wie ich gehe, wie ich wandle,
Ziehet sich ein schwarzer Streif,
Dunkel wie vergoßnes Blut
Vor mir auf dem Boden hin,
Und ob gleich das Innre schaudert,
Sich empöret die Natur,
Ich muß treten seine Spur.
(Seine Hände begegnen sich.)
Ha, wer faßt so kalt mich an? –
Meine Hand? – Ja, 's ist die meine.
Bist du jetzt so starr und kalt,
Sonst von heißem Blut durchwallt,
Kalt und starr wie Mörderhand,
Mörder, Mörder, Mörderhand!
(Vor sich hinbrütend.)
Possen! – Fort! Gebt euch zur Ruh'!
Fort, es geht der Hochzeit zu!
Liebchen, Braut, wo weilest du?
Berta, Berta, komm!

Die Ahnfrau *(tritt aus dem Grabmale).*
Wer ruft?

Jaromir. Du bist's! Nun ist alles gut,
Wieder kehret mir mein Mut.
Laß mich Mädchen dich umfangen,
Küssen diese bleichen Wangen –
Warum trittst du scheu zurück,
Warum starrt so trüb dein Blick,
Lustig Mädchen, lustig Liebe!
Ist dein Hochzeittag so trübe?
Ich bin heiter, ich bin froh,
Und auch du sollst's sein, auch du!
Sieh mein Kind, ich weiß Geschichten,
Wunderbar und lächerlich,
Lügen, derbe, arge Lügen,
Aber drum grad lächerlich.
Sieh sie sagen – Lustig, lustig!
Sagen, du seist meine Schwester!
Meine Schwester! – Lache Mädchen,
Lache, lache sag ich dir!

Ahnfrau *(mit dumpfer Stimme).*
Ich bin deine Schwester nicht.
Jaromir. Sagst du's doch so weinerlich.
Meine Schwester! – Lache sag ich!
Und mein Vater – Von was anderm!
Alles ist zur Flucht bereitet,
Komm!
Ahnfrau. Wo ist dein Vater?
Jaromir. Schweige!
Schweig!
Ahnfrau *(steigend).*
Wo ist dein Vater?
Jaromir. Weib,
Schweig und reiz mich länger nicht!
Du hast mich nur mild gesehn,
Aber wenn die finstre Macht
In der tiefen Brust erwacht
Und erschallen läßt die Stimme,
Ist ein Leu in seinem Grimme
Nur ein Schoßhund gegen mich;
Blut schreit's dann in meinem Innern,
Und der Nächste meinem Herzen
Ist der Nächste meinem Dolch.
Darum schweig!
Ahnfrau *(mit starker Stimme).*
Wo ist dein Vater!
Jaromir. Ha!
Wer heißt mich dir Rede stehn? –
Wo mein Vater? – Weiß ich's selbst? –
Meinst du jenen bleichen Greis
Mit den heil'gen Silberlocken?
Sieh, den hab ich eingesungen,
Und er schläft nun, schläft nun, schläft!
(Die Hand auf die Brust gepreßt.)
Manchmal, manchmal regt er sich,
Aber legt sich wieder nieder,
Schließt die schweren Augenlider
Und schläft murrend wieder ein. –
Aber Mädchen, narrst du mich?
Komm mit mir, hinaus ins Freie!
Schüttelst du dein bleiches Haupt?

Eidvergeßne, Undankbare,
Lohnst du so mir meine Liebe,
Lohnst du so was ich getan?
Was mir teuer war hienieden,
Meiner Seele goldnen Frieden,
Welt und Himmel setzt' ich ein
Um dich mein zu nennen, mein!
Kenntest du die Höllenschmerzen,
Die mir nagen tief im Herzen,
Fühltest du die grimme Pein,
Könntest Reine du es wissen,
Was ein blutendes Gewissen,
O du würdest milder sein,
O du sagtest jetzt nicht: Nein!

Ahnfrau. Kehr zurück!

Jaromir. Ha, ich? zurück?
Nimmermehr! Nicht ohne dich,
Geh ich, Weib, so folgst du mir.
Und wenn selbst dein Vater käme,
Und dich in die Arme nähme,
Mit der grassen Todeswunde,
Die mit offnem, blut'gem Munde,
Mörder! Mörder! zu mir spricht,
Meiner Hand entgingst du nicht.

Ahnfrau. Kehr zurück!

Jaromir. Nein, sag ich, nein!

(Man hört eine Türe aufsprengen.)

Ahnfrau. Horch, sie kommen!

Jaromir. Mag es sein!
Leben, Berta, dir zur Seite
Oder sterben neben dir.

Ahnfrau. Flieh, entflieh, noch ist es Zeit!

(Eine zweite Türe wird eingesprengt.)

Jaromir. Berta! Hierher meine Berta.

Ahnfrau. Deine Berta bin ich nicht!
Bin die Ahnfrau deines Hauses,
Deine Mutter, Sündensohn!

Jaromir. Das sind meiner Berta Wangen,
Das ist meiner Berta Brust,
Du mußt mit! Hier stürmt Verlangen
Und von dorther winkt die Lust.

Ahnfrau. Sieh den Brautschmuck den ich bringe!

(Sie reißt das Tuch von der bedeckten Erhöhung. Berta liegt tot im Sarge.)

Jaromir *(zurücktaumelnd).*
Weh mir! –
Truggeburt der Hölle!
All umsonst! Ich laß dich nicht!
Das ist Bertas Angesicht
Und bei dem ist meine Stelle!
(Auf sie zueilend.)

Ahnfrau. So komm denn Verlorner!
(Öffnet die Arme. Er stürzt hinein.)

Jaromir *(schreiend).* Ha! –

(Er taumelt zurück, wankt mit gebrochenen Knieen einige Schritte und sinkt dann an Bertas Sarge nieder.)

(Die Türe wird aufgesprengt. Günther, Boleslav, der Hauptmann und Soldaten stürzen herein.)

Hauptmann *(hereinstürzend).*
Mörder, gib dich! Du mußt sterben!

(Die Ahnfrau streckt die Hand gegen sie aus. Alle bleiben erstarrt an der Türe stehen.)

Ahnfrau *(sich über Jaromir neigend).*
Scheid in Frieden, Friedenloser!
(Sie neigt sich zu ihm herunter und küßt ihn auf die Stirne, hebt dann die Sargdecke auf und breitet sie wehmütig über beide Leichen. Dann mit emporgehobenen Händen:)
Nun wohlan, es ist vollbracht,
Durch der Schlüsse Schauernacht
Sei gepriesen ew'ge Macht! – –
Öffne dich, du stille Klause,
Denn die Ahnfrau kehrt nach Hause!

(Sie geht feierlichen Schrittes in ihr Grabmal zurück. Wie sie verschwunden ist, bewegen sich die Eingetretenen gegen den Vorgrund zu.)

Hauptmann. Ha, nun bist du unser –

Günther *(eilt dem Sarge zu, hebt die Decke auf und spricht mit Tränen).* Tot!

(Der Vorhang fällt.)